災害と子ども支援

復興のまちづくりに子ども参加を

安部　芳絵

学文社

はじめに

ひとたび災害が発生すると、多くのボランティア・専門家が被災地域へ向かう。いてもたってもいられずに、駆けつけるのである。やがて、ふと不安がよぎる。何か少しでもできることがあればと支援活動に参加したものの、このようなかかわり方でよかったのだろうか。被災した子どもと向き合うとき、どんなことに気をつければよかったのか。あのひとことでよかったのか、もっといい方法があったのではないか、と。支援者が現場で直面する不安・動揺・葛藤の総称を「ゆらぎ」という。災害時の子ども支援では、マニュアルのない活動であるがゆえに、多くの支援者が「ゆらぎ」を感じてきた。「ゆらぎ」は、放置しておくと支援の破たんを招く。

本書は、災害復興期の子ども支援者が「ゆらぎ」と向き合い、同時に子どもの最善の利益にかなう支援を展開するための新たな枠組みを、子ども支援学の視点から提示するものである。

これまで、災害復興期の子どもといえば、「心のケア」の重要性が指摘され、研究の蓄積もなされてきた。もちろん、必要な子どもたちに心のケアをしていくこと、ＰＴＳＤを引き起こすような有害な状況から子どもを保護することはいうまでもなく重要である。しかし、子ども支援学の視点からそれと同じくらい重要なのは、子どもを復興の主体と位置づけ、参加を支えていくことである。その意味で本書は、災害復興期の子ども支援とまちづくりを、子どもとともに考えるための一冊である。災害と隣り合わせの社会を生きる子どもたちにとって一番いいこととはなんであるのか、専門職に必要な視点とはなんであるのか。阪神・淡路大震災、中越大震災、東日本大震災の三つの大震災において、子どもや支援者がどう動き、考え、ゆらいだのかに学びながら、子どもとともに考えていくための道筋を示したい。

阪神・淡路大震災の年に生まれ、兵庫県立舞子高等学校環境防災科で防災を学んできた太田直さんがインタビュー（2013年2月）で語ってくれたのは以下のようなことであった。

「防災をやっているから、次にも何かが来るって思える。絶対に起こるって。こうやって防災を学んでいなかったら「次、来るわけないやん」って思ってしまっているかもしれないので、同世代や次の世代の人に、防災をもっともっとやって「絶対に来る」って備えてもらえたら。」

「次に来る」災害に向けて、三つの大震災に学びながら、災害復興期の子ども支援者に求められるまなざしを考えていきたい。

2016年3月11日

安部　芳絵

追記　2016年4月14日に熊本県熊本地方を震源として発生した最大震度7の地震を皮切りに熊本・大分両県を中心として地震が続いています。被災された皆様に心よりお見舞い申し上げますとともに、子ども支援に携わるすべての人の一助になればと願ってやみません（4月19日）。

目　次

序章 災害復興と子ども支援を考える枠組み

1　本書の目的

阪神・淡路大震災を経て日本社会に広まった言葉として「ボランティア」と「心のケア」が知られている。これに対して、東日本大震災後に一般化した言葉としては「子ども支援」が挙げられるだろう。

従来考えられてきた教育や福祉、医療、まちづくりといった分野は、子どもを縦割りにしてきた。子ども支援学は、それぞれの分野を、子どもを中心として貫くアプローチをとる（安部 2010）。その土台となるのが、国連子どもの権利条約の理念である。国連子どもの権利条約は、1989年に国連総会で採択され、日本政府は1994年に批准した国際条約であり、締約国数は196か国（2016年1月現在）におよぶ。条約実施にあたっては、「第12条子どもの意見の尊重」をはじめとした子ども参加が鍵とされている。すなわち、子どもにとって一番いいことを、子どもとともに考えていくということである。

これまで災害復興期の子どもは保護の客体として位置づけられてきた。より具体的には、子どもは「心のケア」の対象とみなされてきた。子どもの心のケアはもちろん重要である。しかし、それだけでいいのだろうか。

そこで、本章では、災害復興期の子どもの育ちを支える枠組みとして、子ども支援学の視点から災害復興期の子ども支援の課題を示す。次に、本書全体を貫く分析の視点として、「子ども中心の心のケア」「レジリエンス」「ＰＴＧ」「支援者による子どもへのはたらきかけ」を挙げる。これをふまえて本書では、東日本大震災をはじめとした災害とそこからの復興に向けて、子ども支援の在り方に新しい視点を提示したい。

2　災害復興と子ども支援の課題

災害と子どもの心のケア

心のケアとは、「心の健康問題に対応するための援助や配慮」（文部省 1998）、「心身の健康に対する予防と回復への援助活動」（馬殿 2005a：84）である。「心のケア」という言葉は、１９９５年1月17日に起きた阪神・淡路大震災を契機に一般化し、東日本大震災後の子ども支援においても、最重要視されてきた。

たとえば、２０１１年3月11日の東日本大震災発災後、文部科学省は平成22年度分の「子どもの健康を守る地域専門家総合連携事業」を活用し、いち早く臨床心理士等を被災地域に派遣した。その後、２０１１年4月14日付文書により、各都道府県教育委員会に対し、被災児童生徒を受け入れた学校における児童生徒等の心のケアの充実と心のケアに関する指導参考書の活用を依頼している。加えて、「緊急スクールカウンセラー等派遣事業」費として、平成23年度第一次補正予算および第三次補正予算において、約34億円を全額国庫負担として措置、のべ２２７７名を被災地域の小・中・高校に派遣した。２０１２年度には約47億円、２０１３年度には約39億円、２０１４年度には約37億円、２０１５年度は約27億円を、それぞれ復興特別会計から措置した。

これを受けて、市町村レベルでも活発な心のケアが展開されてきた。第5章で述べるように、東日本大震災市町村復興計画における子ども支援施策のうち、最も多い子ども支援施策は「心のケア」であった。２０１２年10月31日までに策定された青森県・岩手県・宮城県・福島県の63市町村における復興計画の内容分析によると、実に8割に及ぶ51の自治体で心のケアに関する施策が計画されていた。

このように、心のケアをめぐる国や自治体の対応は、迅速であり手厚いものとなっているが、はたして災害復興期に求められる子ども支援とは、子どもの心のケアだけでよいのだろうか。

国連子どもの権利条約

子どもの権利条約は、子どもにかかわるあらゆることを計画・実施していく際のいわば「ものさし」であると考えられており、子どもにとって最もよいことを保障していこうという国同士の約束事である。全部で54条ある条約のうち、第2条「差別の禁止」、第3条「子どもの最善の利益」、第6条「生存・発達の確保」、第12条「子どもの意見の尊重」の四つは条約の一般原則といわれ、とくに重要である。なかでも、第12条は子どもの参加の権利の中核をなす。

この条約は、子どもを保護の客体としてではなく権利行使の主体として位置づけることにより、国際社会に子ども観の大転換をもたらした。第3条に規定された子どもの最善の利益をおとなだけで決めるのではなく、第12条の規定に則りおとなが子どもの声に耳を傾け、子どもとともに考えることに大きな特徴があり、子どもの最善の利益の保障には、子ども参加が不可欠となる。

緊急事態下でも停止しない子どもの参加の権利

この原則は、災害復興期においてどう考えればよいだろうか。

住友剛は、「災害発生後の子ども支援のあらゆる場面において、子どもの権利条約に定められた諸原則はできる限り守られる必要がある」（住友 2012：26）と指摘した。より具体的には「被災し避難生活を開始した段階から仮設住宅への入居、転居、あるいは授業再開やその後の学校生活など、あらゆる場面において『子どもの意見の尊重』（第12条）が必要」と考えられる。緊急事態下においてはとかく「おとなのよかれ」による子どもの保護が優先されがちである。しかし、この指摘が重要なのは、子どもの意見の尊重は、保護の場面においても求められるということである。このとき、支援者は、子ども参加によって子どもがどのような支援を望んでいるのかを丁寧に聴き取っていく必要がある。

また、災害など緊急事態下の子ども支援を考えるとき、国連子どもの権利委員会による一般的意見第12号「意見を聴かれる子どもの権利」（２００９年）[1]を忘れてはならない。

国連子どもの権利委員会は、第12条に掲げられた権利が、「危機的状況またはその直後の時期においても停止しないことを強調」し、「紛争状況、紛争の解決、および緊急事態後の復興において、子どもたちが重要な貢献を行えることを示す証拠はますます蓄積されつつある」という認識を示した。これを踏まえて、「緊急事態の影響を受けた子どもたちが、自分たちの状況および将来展望の分析への参加を奨励され、かつ参加できるようにされるべきことを強調」した。

すなわち、子ども参加は「子どもたちが自分たちの生活をふたたびコントロールできるようにするうえで役立ち、立ち直りに寄与し、組織的スキルを発展させ、かつアイデンティティの感覚

1　CRC/C/GC/12,2009

を強化する」のである。なお子ども参加にあたっては、トラウマにつながる、または有害である可能性が高い状況を目の当たりにすることから子どもたちを保護するための配慮が必要である。

以上を踏まえて、国連子どもの権利委員会は、とくに思春期の子どもたちが緊急事態後の復興プロセスおよび紛争後の解決プロセスの双方で、積極的役割を果たせるような支援を奨励した。具体的には、「プログラムの事前評価、立案、実施、モニタリングおよび事後評価において子どもたちの意見が募られるべき」であり、話し合いができる子どもフォーラムのような場の設置が求められている。

日本ではどうか

日本における災害復興期の子ども参加はどうであろうか。第5章で述べるように、すでに策定された市町村復興計画では、全体の2割弱にあたる11市町村で子ども参加が組み込まれ、その多くは福島県の市町村である。2割弱という数字は、全体から考えれば低い数値である。国際的に重視されている子ども参加の原則は、なぜ日本では実施されないのだろうか。

ひとつには、子ども支援に携わるおとなの意識が挙げられる。丹波史紀は、福島県内で子ども支援に携わるおとなたちによる「ともすると「子どものため」という言葉によって、当事者である子ども自身の「声」や「要望」が軽視される現象」が一部に見られた、と指摘した（丹波 2013：157）。子ども支援に携わるおとなたちの「よかれ」が、かえって子どもの意見表明・参加をないがしろにしたのである。

災害復興期にあって、子どもの意見表明・参加を支えることには、なぜ困難が伴うのであろうか。教師やソーシャルワーカー、NPOスタッフといった子ども支援者であっても子どもの声に耳を傾けることができないのは、どうしてだろうか。そこで、本書では、三つの大震災における子どもの回復・成長の実態と、支援者による子どもたちへのはたらきかけに着目して、災害復興期に求められる子ども支援のありようを実証的に明らかにする。

3　本書の視点

子ども中心の心のケアのために

子どもの回復と成長の分析に当たっては、「子ども中心のケア」「子どものレジリエンス」「子どものPTG」の三つに焦点を当てた。

子どもの心のケアは、災害復興期の子ども支援施策のなかで最重要課題として位置づけられてきたが、それらははたして子ども中心のケアであったろうか。

阪神・淡路大震災や東日本大震災の心のケアに携わってきた臨床心理学者の冨永良喜は、災害時などの心身反応は、自然な反応であり、人にはそれらの反応を収めていく自己回復力が備わっているると述べる。そして、心のケアの本質は、他者が被災した人の心をケアするというよりも、被災された方自身が傷ついた心を主体的に自分がケアできるように、他者がサポートすること、すなわち「自らの回復力・自己治癒力を最大限に引き出す『セルフケア』への支援が、心のケア」であると指摘している（冨永 2012：6）。

ところが、阪神・淡路大震災では、自らも被災した心理学者をはじめとして心のケアに対する批判がなされてきた（城ほか 1996）。第1章で論じるように、それはケアする側中心のケアへの批判であった。

東日本大震災後にも同様の指摘が見られた。東北大学病院精神科外来の本多奈美医師は、災害に遭遇した子どもの体験を、絵などで強制的に表現させることに関して、「子どもだからといって、強制的に表現させることはどうなのだろうか、と疑問に思う。月並みな言葉だが、柔らかな関心と注意を向けていること、見守ること、待つこと、語られ始めた時にそっと受け止めていく姿勢が肝要なのだろうと思われる」と述べている（本多 2012：229）。

ケアしたいと欲する側が必要性を感じて調査をし、一方的に治療を進めるとき、子どもは置き去りにされてしまう。だからこそ、子ども中心の心のケアのためには、「おとなのよかれ」だけでなく、どのように回復したいのかという子ども自身の意見表明・参加が不可欠といえる。

これに関して、サイコロジカル・ファーストエイド（Psychological First Aid：PFA）が参考になるだろう。サイコロジカル・ファーストエイド（以下、ＰＦＡ）は、「自然災害や大事故などの直後からの4週間に現場（被災コミュニティーや救急医療の現場等）で提供できる、心的外傷trauma の回復を援助するための基本的な対応法をまとめたいわばガイドブック」（岩井 2012：38-39）であり、心の応急手当とも呼ばれる。ＰＦＡでは、「被災者の多くは自分からはケアを求めたがらない」ということを前提に、「被災者の現在のニーズに対する援助をすることで被災者の適応的な行動を促進すること、被災者が話し始めたら傾聴すること（話すことを無理に促さない）、被災者が身を守るためにとった行動や困っている人を助けるのにとった行動を認めること、身体的反応に注意をはらうこと」等が重視される（岩井 2012：39）。

子どもに対してはどうだろうか。公益社団法人セーブ・ザ・チルドレン・ジャパンは、ＷＨＯ版のＰＦＡを反映させ、子どものためのサイコロジカル・ファーストエイドを公表し、緊急支援に携わる人向けの研修を実施している。研修では「災害などの緊急時にストレスを抱えた子どもたちは、初期段階において適切な支援を受けることにより、子ども本来が持っている回復力を促すことができます。これにより、長期的な心の傷になるリスクを軽減するといわれています」として、子ども自身のレジリエンスを回復の基盤としている。[2]

2　公益社団法人セーブ・ザ・チルドレン・ジャパン「被災者の心に寄り添うために～サイコロジカル・ファーストエイド：ＰＦＡ（ＷＨＯ版および子どもの支援者版）市民講座」２０１５年３月18日、アルカディア市ヶ谷配布資料より。

子どものレジリエンス

レジリエンスとは、「跳ね返り、弾力、弾性、回復力、立ち直る力」の意味であり、子ども自身のうちにある自己回復力を指す。日本国内では、精神医学領域をはじめ、心理学や災害社会学といったさまざまな分野で注目されている概念である。小塩真司は「強風に対してしなやかに受け流す木の様子に似た心のありよう」であり、「悲惨な状況に置かれて落ち込んだとしても、そこからしなやかに回復しようとする過程のこと」であると述べる（小塩 2012：56）。

阪神・淡路大震災の乳幼児を対象にした研究から小花和尚子は、困難や逆境からの回復や適応を促す要因を、子どもの周囲から提供される「環境要因」（I HAVE FACTOR）と「個人内要因」とした。「個人内要因」は、「子どもの個人要因」（I AM FACTOR）と「子どもによって獲得される要因」（I CAN FACTOR）に分類した（小花和 2004：11）。ここで着目したいのは、子どもを取り巻く環境が、災害という大きな出来事からの回復・適応を促す要因になりうる点である。それでは、どのような環境が子どもの回復・適応を促すのだろうか。

被災地域で子どもに向き合ってきた支援者は、遊びやスポーツ、勉強や安心できる環境でのおしゃべりを通して、子どもたちが自ら回復していくようすを報告している（津田 2011：62-64、原 2014：100-101）。これは、子どもが自ら環境とかかわること、何かに参加することを通して生まれた回復である。

それでは、レジリエンスのある子どもは、放っておいても勝手に回復していくのでおとなは何もしなくてよい、といえるだろうか。チャイルド・ライフスペシャリストとして深刻な病気の子どもの支援に携わってきた藤井あけみは、自己回復力は生まれながらにすべての子どもに備わっているとしたうえで、「鞠にも跳ね返ってきたところを受けとめてくれる人が必要なように、こどもたちにもしっかりと自分たちの心を受けとめてくれる人間が不可欠」として、子どものありのままを受けとめるおとなの存在の重要性を指摘している（藤井 2000：40）。

子どもの権利分野では、レジリエンスに基づく支援モデルは、武力紛争や子どもの商業的性的搾取など危機的状況の被害に遭った子どもたちの社会参加への支援をめぐって実践と研究が積み重ねられてきた（Rädda Barnen 1996、安部 2002、寺本 2004）。武力紛争や商業的性的搾取の被害者は、傷つき、何もできない存在ではなく、自ら回復していく主体となることができるということれらの研究成果は、当事者の声を反映した国際条約・国連文書へと結実していった。災害復興期における子ども支援においても、レジリエンスを子どもの回復の基盤として位置づけることが求められよう。

子どものPTG

東日本大震災の発生後は、いち早くPTSDとその対応に関心が向けられた。近藤卓は、行政機関のみならず学会や団体からも支援マニュアルや指針が発表され、PTSDの発見やその対応にある程度行き届いた配慮がなされたことを評価している。一方、PTSDへの注意が向けられるなかで「すべての子どもたちがPTSDを発症するのではないかと過敏になる学校現場もあり、事態を必要以上に悲観的にとらえて、まったく希望が見いだせないような状況も生まれていた」と指摘した（近藤 2012：202）。そのようななかで、PTGという「心理的回復をめざすのみならず、人間的成長につながる概念を紹介すること」は大きな意義があると述べる（近藤 2012：4）。

心的外傷後成長（posttraumatic growth：PTG）とは、外傷的な体験、つまり災害など非常に困難な人生上の危機に見舞われ、そのなかでのもがきの結果生じるポジティブな心理的変容である（Tedeschi & Calhoun 2004：1-18）。「艱難辛苦、汝を玉にす」という言葉をひいて、「つらい出来事が一種の転機となり、人格的成長へつながるケースのあることは、経験的に了解されていること」であると、宅香菜子はいう（宅 2010：3）。そして宅は、おとなのPTG研究に比して、子どものPTGについての研究はほとんどなされてこなかったことをふまえて、中高生を対象とした研究を実施し「ストレス体験をきっかけとした自己成長感」が生じるメカニズムにおいて、ソーシャルサポートを含む重要な他者の影響力の強さを指摘した（宅 2010：223）。

これに呼応するかのように、東日本大震災後の過酷な状況のなかでも、周囲のおとなに支えられ社会へ参加することを通して成長を示す子どもたちの姿が見られる。災害後の成長、という視角からも災害と子ども支援を見ていく必要がある。

支援者による子どもへのはたらきかけ

子どもを取り巻く環境は、災害という大きな出来事からの回復・成長を促す要因ともなりうる。これは、心理の専門家だけが子どもの回復・成長を促すことができるという従来の考え方とは異なり、日常生活における身近なおとなや仲間とのかかわり、それを支える専門家との出会いを通して、子ども自身が回復し、成長していく可能性を示している。

子どもの回復・成長に対して、支援者であるおとなはどのようにはたらきかけをし、それを変容させていったのか。また、それはどのような制度のなかで実施され、継続していったのか。本書では、主として東日本大震災に関しては支援行為について微視的に、発生から10年以上が経過した阪神・淡路大震災と中越大震災については支援システムを含めて巨視的に検討したい。

4　本書の構成

本書では、災害復興期の子ども支援について阪神・淡路大震災、中越大震災、東日本大震災という三つの大震災の経験から考えていく。

第1章では、阪神・淡路大震災後に配置された教育復興担当教員に焦点を当てる。心のケアの専門性をもたずに教師として子どもの心のケアに携わった教育復興担当教員について、その配置の経緯と活動内容を検討することで、子ども中心の心のケアの方向性と災害後に教師は何ができるのかを探る。

第2章では、中越大震災後の新潟県長岡市に着目する。近年、災害発生時の「生理用品」の備蓄、「授乳スペース」「おむつ替えスペース」設置の必要性がようやく認識されるようになった。しかし、それだけでは「女性の視点」「子育て支援の視点」で防災を考えたことにはならない。乳幼児期の親子が復興の主体となるために求められる視点を、ジェンダー学習の組織化から考えていく。

次に取り上げるのは、東日本大震災である。

震災発生後、多くのボランティアが東北へ向かった。ボランティアへの支援といえば、精神面のケアが重視されてきたが、緊急支援の現場で必要とされる支援者支援とはどのようなものだろうか。そこで、第3章では、震災直後から避難所などに設置された「こどもひろば」で子どもの遊びを支えた災害ボランティアへのインタビューから、その内実を探る。

第4章では、支援物資のなかに「女の子の服がない」という出来事を契機として、支援を考える枠組みを「ニーズに基づくアプローチ」から「権利基盤型アプローチ」に転換する必要性を論じる。このことをふまえて、女の子がエンパワーされる復興について考える。

東日本大震災は広域災害であり、そのため、策定された市町村復興計画も多岐にわたる。第5章では、復興計画の内容分析から、子どもにやさしい復興のまちづくりのために、専門家に求められる課題を探る。

つづく第6章では、中高生たちが東日本大震災をどう受け止めたのかを発達に注目して考察する。『震災後に中高生が果たした役割の記録プロジェクト報告書』（2013年）には、中高生156、おとな49の投稿が寄せられた。これらの投稿とインタビュー調査をもとに、災害体験が子どもの発達をどう促したのかについて、「役割」という観点から論じる。

最後に、第7章では、子どもたちのPTGのありようとそれを促す子ども支援者の実践知を、こどもまちづくりクラブ支援者へのインタビュー調査から明らかにし、これからの災害と子ども支援を考えていくための一助としたい。

第1章

教師は何ができるのか

1　序論―子ども中心の心のケアとは―

近年、災害・事件・事故といった子どもの心身の健康に大きな影響を与える状況が頻発している。これに対し、文部科学省は学校における心のケアを危機管理の一環として位置づけ教師には適切な対応と支援が求められることを指摘した（文部科学省 2014）。

第1章で述べたように、心のケアとは、「心の健康問題に対応するための援助や配慮」（文部省 1998）、「心の健康に対応する援助や配慮、心身の健康に対する予防と回復への援助活動」（馬殿 2005a：84）である。心のケアは、阪神・淡路大震災を機に一般化し、その後〝心のケアブーム〟とも呼ばれる状況が出現した。これに対し、自ら被災した心理学者をはじめとして、心のケアへの批判がなされており、渥美は「災害に遭遇した心はケアされうるもの、されるべきものとして考えられ、ＰＴＳＤという専門用語までが巷にあふれるありさまだった」と述べる（渥美 2011）。被災した子どもに無理に絵を描かせるなどした臨床心理士の闖入に対して拒否的な被災現場のようすも報告されている（東山 1996）。心のケアが「相談者を見下ろし相談者本人の思いや実際の生活の在り方を軽視」（小沢 2002）したものであったという指摘も見られた。これらの指摘は、当時の心のケアがいわば「ケアする側中心のケア」であったことを示している。

一方、子どもの人権を十分に考慮していない心理的支援の乱立は東日本大震災においても見られた（本郷 2011）。阪神・淡路大震災以降20年が経過したにもかかわらず、未だ「ケアする側中心」のケアが横行している。災害後に展開される子どもの心のケアを「子ども中心」にするためには、どうすればいいのだろうか。本章では、心理の専門性をもたずに教師として子どもの心のケアに携わった教育復興担当教員について、その配置の経緯・活動内容などを検討することを通して、子ども中心の心のケアの方向性を探る。

2　教育復興担当教員の導入過程

阪神・淡路大震災の概要

阪神・淡路大震災は、1995年1月17日午前5時46分に発生し、M7・2、観測史上初の震度7を記録した。死者6433名、負傷者4万3792名、家屋の全壊と消失は11万棟、半壊と一部損壊は合わせて41万棟であった。避難者数31万6670名、災害救助法指定市町村数は10市10町に及んだ。

亡くなった児童・生徒・学生・教職員は合わせて522名である。兵庫県下公立学校園の園児・児童・生徒のうち、両親ともに失った子どもは、小学生17名、中学生14名、高校生20名、盲・聾・養護学校生2名、合計53名であった。父母のいずれかを失った子どもは幼稚園児4名、小学生100名、中学生71名、高校生56名、合計231名である。

表1-1　亡くなった児童・生徒・学生・教職員（公・私）

幼稚園児	38名
小学生	165名
中学生	85名
高校生	65名
養護学校生	4名
専修・各種学校生	14名
大学・短大生	110名
教職員*	41名

＊大学・短大の教職員および教育委員会含む。
（出所）『阪神・淡路大震災―兵庫県の1年の記録』（1996年）および『兵庫発の防災読本　いのち　やさしさ　まなび』（2005年）より作成。

学校の被害状況と避難者の受け入れ

学校施設も甚大な被害を受けた。幼稚園5、小学校15、中学校17、高校17、全54校79棟の建物が取り壊され、公立学校施設の災害は1900億円にのぼった。建物の解体・復旧工事にともない、教室が不足したため、66校に仮設校舎を設置した。また、避難住民の受け入れにともなう教室不足により43校・園に仮設校舎・園舎を設置した。

震災後、学校は避難所となった。避難所指定のあるなしにかかわらず、公立372校で18万人の避難者を受け入れた[1]。教職員自身も被災の当事者であったが、子どもたちの安否確認・保護、学校教育の早期再開に向けた準備、通学路の安全確保、学校施設の管理運営に奔走した。これに加えて、避難住民への支援と避難所の運営をも担うこととなった。

避難所となった県立高等学校では、教職員が学校に交代で泊まり込み、被災者の支援にあたった。断水のため、教職員がプールの水を汲み上げトイレに用いるなどした。生徒のなかには、ボランティアとして被災者名簿の作成や救援物資の仕分け・配布などを行った者も多く見られたという。すべての高等学校で授業が再開したのは、1995年2月10日であった（兵庫県 1996：273）。

1　公立学校のほか、私立学校、大学、各種学校、社会教育施設等も避難所となり、ピーク時には32万人を受け入れた。

一方、被災地域の公立小中学校では災害発生と同時に被災者の受け入れを開始し、救援活動を行いながら授業再開に向けた取り組みを同時進行で行った。1995年1月30日時点で、芦屋市の全校と神戸市の109校、西宮市の小中学校の一部で授業がまだ再開されておらず、体育館・教室・特別教室などほとんどの施設に避難者が入っており、授業再開の見通しが立たなかった（兵庫県 1996：273）。避難者に教室から体育館へ移動をお願いするなどして全校で授業が再開できたのは、2月24日であった（兵庫県 1996：274）。

全国へ避難する子どもと教員配置

このようななか、兵庫県内外に避難した子どもは、ピーク時に2万6341名に及んだ（1995年2月14日時点、兵庫県教育員会発表、幼稚園1153名、小学校2万1653名、中学校3237名、高等学校241名、養護学校57名）。

ここで生じたのは教職員配置の問題である。教職員の数は、児童生徒数に応じて配置される。2万6341名もの子どもたちが避難したため、このままいくと多数の教職員が減員となってしまう。ところが、県内外に転出した子どもたちはやがて地元に戻ってくることが予想された。同時に、学校現場では子ども一人ひとりに対してきめ細かい対応が求められるであろうことも予測できた。そこで兵庫県および兵庫県教育員会は、「被災地校について、震災前における在籍児童・生徒数に基づく教職員数確保のための財源措置」を文部省に要望[2]、これを受けて文部省は政令改正へとつなげていった。

教育復興担当教員の配置

「公立義務教育諸学校の学級編成及び教職員定数の標準に関する法律施行令の一部を改正する政令」（平成7・3・27政令94号、1995年4月1日施行）により、阪神・淡路大震災の被害を受けた府県であってその区域内の小中学校の児童生徒が他府県の小中学校に転学することにより一時的に減少しているものについて、教職員定数の算定の特例措置を設け、被災地域の学校運営や教育上の指導が円滑に行われるようにした（『ジュリスト』1995：234-240）。

基準日現在（兵庫県では4月9日）に転出している児童生徒について、一定の復帰率を乗し、在籍するとみなした学級編成および職員配置とした。大震災がなかった場合に見込んでいた教職員定数と同数を措置し、児童生徒の心の健康に関する相談等に対応するための教員を追加配置することとした。これが教育復興担当教員であり、1995年度には128名[3]が配置された。

2　これと同時期、兵庫県教職員組合は転出した子どもたちへの対応、被災地での心のケアを行う教職員の臨時加配、被災地教職員の現員確保等の特例措置をとることを緊急課題として国会議員への働きかけや兵庫県教育委員会に対し震災加配などの特例措置を求めた。

3　当時、全国に配置されていたカウンセラーと同数であった。

3　教育行政による心のケアの取り組みと子どもの実態

文部省通知

震災後の文部省の心のケアに関する取り組みはどうであろうか[4]。

文部省は、「平成7年兵庫県南部地震における被災児童生徒の心の健康相談活動等の充実について（通知）」（平成7年2月2日〈7体学第六の二号〉）や、「平成7年兵庫県南部地震における被災児童生徒の心の健康相談活動等の基本的留意点について（事務連絡）」（平成7年2月3日）を出した。通知では、「大災害などの大きな災害が起こった場合、その直後の精神的な緊張状態の時

4　心のケア以外では、1995年1月19日付の「平成七年兵庫県南部地震における被災地域の児童生徒等の転入学等について」（文初小第三七四号、文部省初等中等局長通知）と1995年1月27日付「平成七年兵庫県南部地震における被災地域の児童生徒の各学年の課程修了及び卒業の認定等への配慮について」（文初小第三七八号、文部省初等中等局長通知）がある。1月19日付通知では、保護者の転居等によりほかの地域の学校への転入を希望する場合、「当該児童生徒等の就学の機会を確保するため、転入学を円滑に行う」ことが必要であり、そのため「可能な限り弾力的に取り扱い、速やかに受け入れること」とされた。1月27日付通知では、被災地域の義務教育諸学校及び被災児童生徒を受け入れた義務教育諸学校においては「各学年の課程の修了又は卒業の認定に当たり、今回の震災の深刻な状況に留意して弾力的に対処」することにより、当該児童生徒の進級、進学及び就職に不利益が生じないよう配慮することなどが求められた。

期を過ぎると、被災にあった人の中には精神的に不安定な状態になる人もいます。特に、成長途上にある児童生徒においては、このような精神状態になる事例が多く見られます」としたうえで、「学校においては、心の問題を中心に児童生徒の健康状態に配慮して学校・家庭生活が健康に過ごせるようにすることが大きな課題」であるとの認識を示した。これらを踏まえて「受け入れた被災児童生徒に対しては、心の健康問題を含む健康相談活動の充実を図り、被災児童生徒の心の健康問題に取り組むようご配慮願います」「健康相談活動の実施に当たっては、学校医の指導を受けて養護教諭や学級担任を中心に全教職員が協力するとともに必要に応じカウンセリングの専門家などを活用する」ことなどが求められた。また、学校医の活動にあたっては社団法人日本医師会との調整をしている旨も記載された。

日本医師会からの精神科医派遣の背景には、県内および近隣府県の精神科医が当時すでに避難所等で活動中であったことが挙げられる。兵庫県教育委員会は、児童生徒や保護者の教育相談に応じるフリーダイヤルを1月30日に開設したものの、心のケアの相談に関するものも見られ、専門家の対応が急務であったがその確保自体が困難な状況となっていた。そこで文部省が協力し、2月4日には、日本医師会に精神科医の派遣を要請し、電話相談、巡回相談、来所相談等の活動を「災害を受けた子どもたちの心の理解とケア事業」として実施することになった。２月20日から３月24日まで、県下３か所（県教委事務局・阪神教育事務所・神戸市教委事務局）に窓口を設置し、児童生徒・保護者・教職員を対象に２６３件の相談に対応した。

兵庫県教育委員会による取り組み

兵庫県教育委員会は、翌1月18日から死亡した児童生徒、避難者数等の被害状況について、神戸市教育委員会、阪神教育事務所などに対する聴き取り調査を開始した。その際、①児童生徒のストレス反応は、おとなに比べて格段に大きいと考えられること、②ストレス反応に対する不安を取り除くために、情報を提供していくことが必要であること、③家庭や学校における指導や相談が、心のケアの第一段階であること、④気軽に、専門家に相談できるシステムが必要であること、の4点を児童生徒の心のケアへの対応の基本的考え方として取り組んだ（兵庫県教育委員会 2005：166）。

この基本的考え方に則って、①相談活動の実施、②参考資料の配布・発行、③研修会の実施の大きく分けて三つが展開された。

①相談活動の実施に関しては、「被災者電話教育相談の開設」「災害を受けた障害児の心のケア相談事業」「災害を受けた子どもたちの心の理解とケア事業」の三つが挙げられる。

②参考資料の配布については、1993年に起きた北海道南西沖地震の体験に基づいて作成された「災害を体験した子どもたち—危機介入ハンドブック—」などが参考資料として各学校に配布された。また、兵庫県教育委員会は、震災体験を活かした実践的な心のケアの指導資料の必要性から精神科医、臨床心理士、学校関係者6名からなる作成委員会を設置、『災害を受けた子どもたちの心の理解とケア指導資料』を発行した（1996年3月31日）。本指導資料では、震災の

体験を通して得た事例等をもとに指導に必要な事項を精選し、教職員の基本的対応方法を示した。

③子どもの心のケアに関する研修会も多く実施された。被災児童生徒の心のケアは、学校教育全体の課題であるという観点から、被災地の学校及び被災児童を受け入れた学校の管理職等を対象として「災害を受けた子どもたちの心の理解とケア研修会」を、1995（平成7）年2月21日と23日に行った。これに続いて、1995年度からは教職員を対象に「学校における心のケアのあり方等に関する研修会」を実施した。95年度にはのべ1072人、96年度には1195人、97年度には1265人、98年度には1344人が研修に参加した。

教育的配慮を必要とする子どもたち

子どもの心のケアを展開するにあたって課題となったのは、心のケアを必要とする子どもをどう把握するかということである。兵庫県教育委員会は「阪神・淡路大震災の影響により心の健康について教育的配慮を必要とする生徒の状況などに関する調査」（表1-2）を実施し、その把握に努めた。兵庫県教育委員会は、これを文部省に報告し、翌年以降の教育復興担当教員数を決定した。

調査からいえることは、以下のとおりである。

震災後4年間は「震災の恐怖によるストレス」が最も高くなっているが、その後低下する。平成8、9年度は「住宅環境の変化」が40％を、「通学状況の変化」が10％を超えているが、これ

表1-2　兵庫県教育委員会：阪神・淡路大震災の影響により心の健康について教育的配慮を必要とする生徒の状況などに関する調査

実施期間	1996（平成８）年度～2009（平成21）年度*
対　　象	1996～2001年度は、県内すべての公立小・中学校の児童生徒を調査対象として実施、それ以降は震災時に出生していた子どもの学年を対象
方 法 等	阪神・淡路大震災で被災した生徒のうち、退行現象や生理的反応、情緒的・行動的反応などの症状を示す生徒の状況等を各学校からの報告をもとにまとめた

＊震災前に出生していた児童生徒を対象とするため、平成21年度までの実施。なお、平成21年度の調査対象は中学３年生のみ。

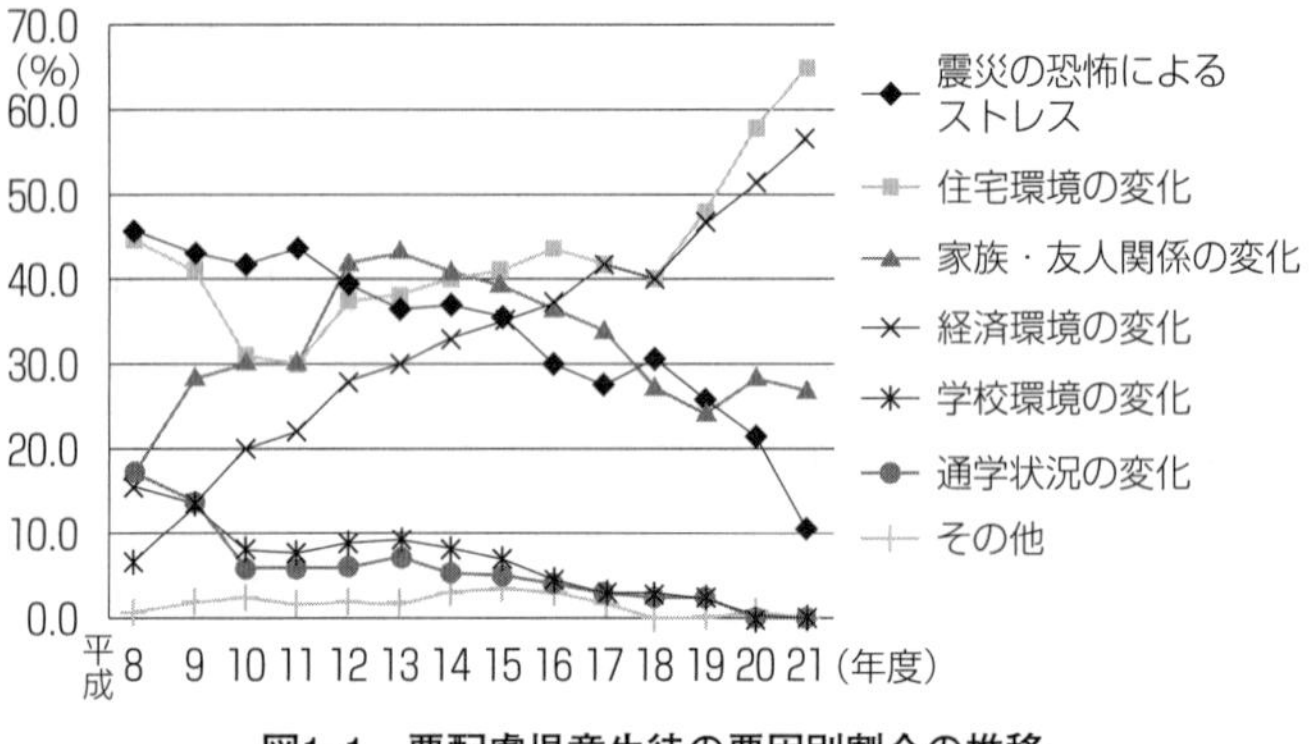

図1-1　要配慮児童生徒の要因別割合の推移

（出所）兵庫県教育委員会「平成21年度　阪神・淡路大震災の影響により心の健康について教育的配慮を必要とする生徒の状況などに関する調査の結果について（詳細）」より作成。

は、避難所や仮設住宅でのくらしから復興住宅への転居、校区外の復興住宅からの通学などが背景として考えられる。

震災後5~7年間は「家族・友人関係の変化」の割合が高くなっている。具体的には、保護者の別居や離婚、復興住宅への入居にともなう引っ越しによる友人関係の変化が挙げられる。

震災後8~10年が経過すると「住宅環境の変化」「経済環境の変化」が高くなっているが、その背景には、保護者の失職や住宅の再建の可否、二重ローン問題などが考えられる。

調査結果は、「震災の恐怖」という一次的な個人的要因がやがて二次的な社会的要因へと移行し、それが深刻な心理的影響を及ぼしていくことを示している(馬殿 2005b:112)。つまり、子どもの心のケアにおいて、子どもの内面だけを見るのではなく、子どもを取り巻く環境(社会)を包括的に見ていく視点が必要であることがわかる。

4 教育復興担当教員の取り組みとその変容

教育復興担当教員の活動

教育復興担当教員の活動は、震災の年に生まれた子どもたちが中学校を卒業する2009(平成21)年度まで実施された。2005(平成17)年度からは「阪神・淡路大震災に係る心のケア担当教員」と名称を変更し、のべ1671名が活動を行った。教育復興担当教員は、心理の専門性はもたず、学級担任も受けもたず、週に10時間程度の授業を担当し、校内では校務分掌の一つとして位置づけられた。

教育復興担当教員の主な活動は、馬殿によれば「児童生徒の心の理解とケア」「実態調査の実施」「養護教諭や学級担任・保護者との連携」「専門医やカウンセラーなどの関係機関と連携」「個に応じた学習指導」「『新たな防災教育』の推進」であった（馬殿 2005b）。また、兵庫県教育委員会は、心のケア担当教員等を中心とした心の理解とケアに係る取り組みについて「個別指導（声かけ・励まし・日記指導、学習支援など）」「家庭との連携（保護者の悩みを聞く、家庭訪問など）」「相談活動（日常会話の中での相談、記述式の相談活動など）」「関係機関などとの連携（専門医と連携した指導など）」の四つを挙げた（兵庫県教育委員会 2010）。教育復興担当教員を経験した村嶋由紀子は「復興担の3つの柱」として、「震災アンケート、震災作文[5]、震災行事（追悼式）」を挙げた（村

5 震災作文に関して、兵庫県教育委員会による『災害を受けた子どもたちの心の理解とケア指導資料』（1996）では、「今回の震災のあと、子どもたちに地震の話をさせたり、絵を描かせたり、作文を書かせることの是非が話題になった。子どもが訴えている問題をすべて受け止めて、正しく対応できればそれに越したことはないが、的確に対応できない場合や聞き流したり、書かせっぱなしということには問題が残る。とくに、クラス全員を対象にして、絵を描かせたり、作文を書かせることは、一人ひとりの震災への思いも異なるため、正しい対応ができにくいこともある」と留意している。

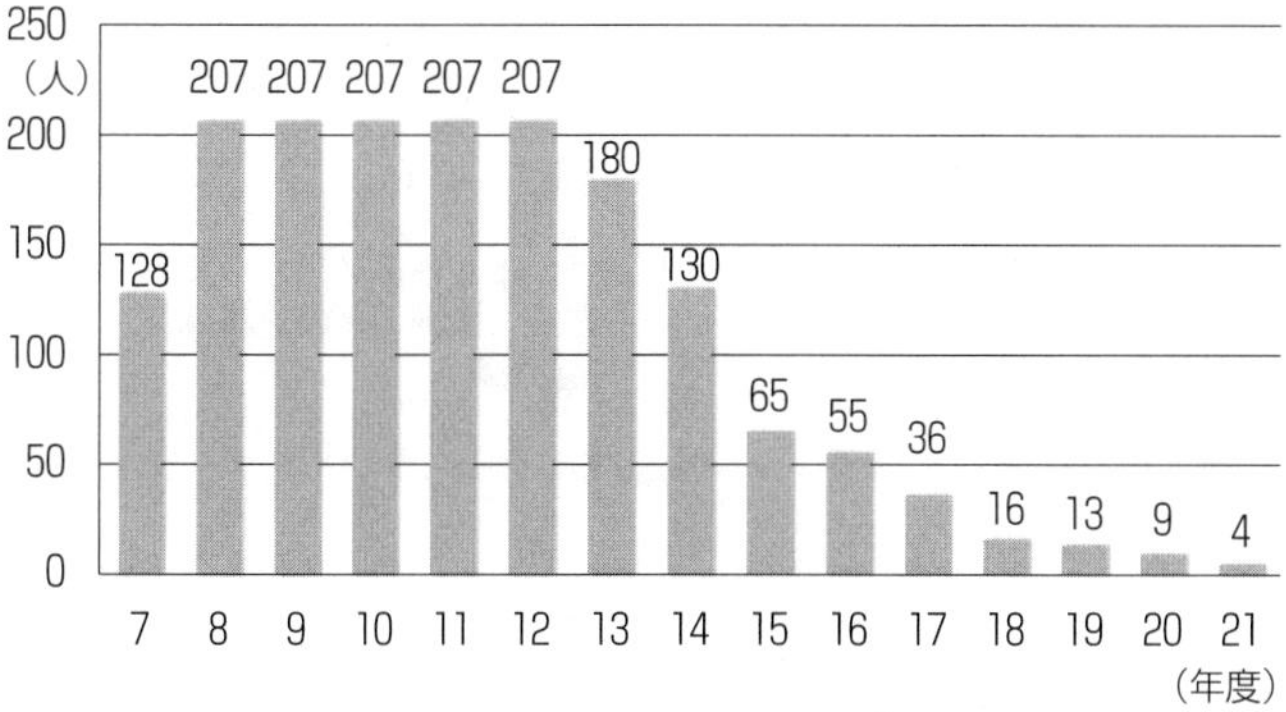

図1-2　教育復興担当教員の配置数（小中合計）

（出所）兵庫県教育委員会発表資料・インタビューより作成。

嶋 2011：14–17)。

取り組みの特徴と変化

学級担任をもたずに週に10時間ほど授業を担当した教育復興担当教員は「担任をもたない、みんなの先生」として子どもたちに受け入れられていったが、一方で葛藤もあった。それは、心のケアの専門性をもたなかった点である。神戸市の小学校で教育復興担当教員を務めたある教師は「カウンセリングのプロではないので、適切なケアができているか不安はいつもあった」[6]と心境を吐露している。一方、兵庫県教育委員会は、「たしかに、教員にはカウンセリングのプロではないという不安もあるだろうが、児童生徒の心のケアにおいては、教師と保護者、専門

6 「平成14・15年度教育復興担当教員調査」より、兵庫県教育委員会（2005：172）

表1-3　教育復興担当教員の取り組み内容の変化

経過	取り組み内容
震災直後 〜 1995 （平成7） 年度	直後：避難所対応、学校の環境整備、通学路の安全確保、学校再開に向けた準備 心のケア相談室の設置と震災による不登校児童生徒への対応 転出先から復帰してくる子ども・保護者との連絡調整、相談 震災で学校から転出した児童生徒の現在の様子の手紙・電話による確認 スクールカウンセラーと連携し心のケアを必要とする児童生徒保護者の相談対応 仮設住宅や学区外から通学してくる子どもたちへの家庭訪問、家庭生活の把握 学校管理物資の供給補助 被害を受けた児童生徒の実態調査 放課後の運動場・図書室・図工室などを児童生徒に開放（遊び場づくり）、相談にのる 心のケアに関する教職員研修の計画と実施
1996 （平成8） 年度 〜 1999 （平成11） 年度	心の傷が軽減する児童生徒⇔焦燥感を感じる児童生徒のギャップ 保護者の精神的・経済的な負担増大と子どもへの影響→遅刻・早退・欠席 住環境の変化、保護者の経済状況の悪化、家庭不和からくる二次ストレスへの対応 　→家庭訪問と保護者への支援（教育相談） 転居などで学習の遅れた子どもへの学習支援 震災・学校支援チームEARTHの設置（1999）
2000 （平成12） 年度以降	フラッシュ・バックへの対応（鳥取県西部地震、芸予地震、アメリカ同時多発テロ） 子どもたちの生活の背景にあるもの（二次的要因）の把握 見えにくくなる震災の影響と震災の年に生まれた子どもたちの小学校入学（2001） 学級担任・養護教諭・スクールカウンセラーのチームによる取り組み 地域と学校を結ぶコーディネーター（福祉事務所と学校、地域住民と学校） スクールカウンセラー・精神科医との連携による「教師による心のケア」の取り組みの確立 防災教育の推進

（出所）兵庫県（2005：170-173）、および、兵庫教育文化研究所・兵庫県教職員組合（2005a：68-70）より作成。

家等がそれぞれの強みを生かしてチームであたってこそ効果が表れる。震災後、いくつもの学校で児童生徒の心のケアにあたった精神科医は『専門的な知識を生かしていく上で、学校の先生方の協力は不可欠だった』と語っている」として、教師としての復興担当教員が果たした役割を評価している。（兵庫県教育委員会 2005：172）。

教育復興担当教員の取り組みは年を追うごとに変化していった（表1－3参照）。この表からは、あらかじめ決められた業務をこなしたのではなく、子どもや子どもの置かれた状況の変化に応じて取り組みの内容そのものを変化させていったことがわかる。

教育復興担当教員による支援実践―神田教諭へのインタビューから―

兵庫県教育委員会が実施した「平成14・15年度教育復興担当教員調査」によれば、「被災児童生徒の心のケアで一番大切なことは何だと考えますか」という問いに対する答えとして、心のケアの専門性をもたないがゆえの子どもに徹底的に寄り添う姿勢を見ることができる。

・子どもが思いを語り、自分を客観化できることによって、次の一歩を踏み出せるようにするために、個人的な働きかけや集団的な働きかけをすること（西宮、小）
・今起こっている現象だけで子どもを見るのではなく、被災当時のことも踏まえて、長いスパンで子どもの変化や心の揺れを保護者とともに考え、見ていくこと（西宮、小）

・寄り添い、向き合い、時間の流れを共有するなどゆったりとした時間の流れのなかで子どもが語ってくれるのを待つしかない（神戸、小）

同様の指摘は、教育復興担当教員を経験した神田英幸教諭へのインタビューからもうかがうことができた。[7] 以下、神田教諭の教育復興担当教員としての支援実践を見ていく。

1995年1月、神田が西宮市立生瀬小学校に勤務していたときに阪神・淡路大震災が起きる。1995年4月には、上ケ原南小学校に教育復興担当教員として着任し、2004年度まで復興担当教員を続けた。1998年には、「心と体のアンケート」を実施したが、当時、震災から4年も経って「どうして今頃？」の声があがったという。確実な資料がないなかでは、どうしても担任・養護教諭からの情報を中心としたケアとなる。しかし、その限界を感じた神田は、すべての教員との共通理解のためにアンケートを実施した。その後も、着任した先の小学校でアンケートを実施したが、このアンケートに記入することで「震災から10年たってようやく」震災のことを口にすることができた、という保護者もいたという。

1999年9月、台湾集々大地震の発生にともない、神田は台中日本人学校へ派遣されることとなった（～2000年4月）。ここで神田は、教育復興担当教員の経験を活かし、何でも書いて

7　2013年8月31日に実施したインタビューおよび神田教諭の執筆した文献に基づき内容を再構成した。

投函することができる「相談ボックス」を設置した。ある日、「算数が苦手です。どうしたらいいですか?」という手紙が入っていた。5年生女子のCさんからであったが神田は訝しんだ。Cさんは、算数がとてもよくできたからだ。そこで神田はCさんに勉強を教えながら、見守り続けた。

2回目のアンケートを実施した際、Cさんは「要ケア」分類となった。アンケートには、「死んでしまいたい」と記入されていたからだ。Cさんと話をしていくうちに、ぽつぽつと語り始めたのは両親のことだった。「お父さんとお母さんが、毎日のように喧嘩して家の中が楽しくない」―震災を機に噴出した家庭内の課題に、Cさんは押しつぶされそうになっていた。これを踏まえて、神田は保護者へのアプローチを開始した。

神田は、教育復興担当教員としての活動を振り返って以下のように述べる。

…8年間復興担をやっていました。はじめの頃のわたしは、復興担の仕事が何であるのかも「心のケア」「PTSD」の意味さえも分からないまま担当しました。さらに「新たな防災教育」の推進についても分かりませんでした。しかし、研修会に出て事例を聞いたりケア方法を学んだりする中で少しずつ理解できてきました。一人ひとりの子どもとの人間関係こそがケアの根本です。子どもに寄り添い、声かけをしていきました。ときには側にいるだけのこともありました。(神田 2005:79)

ここで、「一人ひとりの子どもとの人間関係こそがケアの根本です」と述べていることに着目したい。神田による心のケアは、目の前の子どもに「寄り添い、声かけ」をし、時には「側にいるだけのことも」あった、いわばおとなが子どもに合わせていく支援であった。

教育復興担当教員による支援の意義

以上を踏まえて、教育復興担当教員による支援の意義を考察すると、それは第一に子どもの自己回復力への着目、第二に学習権の保障、第三に環境へのアプローチであると考えられる。

①自己回復力への着目

第一に子どもの自己回復力への着目である。序章でもふれたように、そもそも心のケアとは、セルフケアへの支援であり、災害時などに表れる心身反応は自然な反応であるといわれる。人にはそれらの反応をおさめていく自己回復力（resiliency）が備わっていると考えられる。心のケアの本質について冨永良喜は「他者が被災した方の心のケアをするというよりも、被災された方自身が傷ついた心を主体的に自分でケアできるように、他者がサポートすること」（冨永 2012：8）であるとしたうえで、とくに教師が担うことができるのは「グリーンゾーン」のケアであるという。イエローゾーンはカウンセラー、レッドゾーンは医師が担うが[8]、それぞれの橋渡し役を果たしたのが、教育復興担当教員であると考えられる。

先に述べたように教育復興担当教員は、心のケアの専門性がないがゆえに、徹底的に子どもに寄り添った。「寄り添い、向き合い、時間の流れを共有するなどゆったりとした時間の流れの中で子どもが語ってくれるのを待つしかない（神戸、小）」と述べたように、子どもの心を無理にこじあけるのではなく、子どもの自己回復力を信じ、ゆっくりと語られる言葉を待った。「子どもの声を聴く」「待つ」「寄り添う」という言葉で表される行為は、子どもの最善の利益を保障する子ども支援の根幹でもある（安部 2010）。

②子どもの学習権保障

東日本大震災後、被災地域では多くのＮＰＯが子どもの学習支援を展開した（安部 2015：652）ように、災害後の子どもの学習をどう保障していくかは大きな課題の一つである。阪神・淡路大震災では教育復興担当教員が「みんなの先生」として児童生徒の勉強を見ながら相談に対応した。教材をそろえる、宿題をみるなど学習支援には多様な側面があるが、それだけでは学習権の保障には至らない。住友は、学習権を保障するにあたって「災害発生後の子どもたちの学校での学習活動を支えていくためには、たとえば住宅や経済的環境、家庭内の人間関係など、その

8　インド洋大津波に際し、２００５年６月に高橋哲がスリランカにて作成した「災害後の教師・カウンセラーの役割」に拠る。

子どもの家庭での生活をも視野に入れた支援が必要なのである」（住友 2012：35-38）と指摘している。つまり、学習権保障のためには、子どもを取り巻く環境を視野に入れなければならない。

③ **環境へのアプローチ**

第三は、子どもの内面だけでなく、環境へ着目する視点を獲得したことである。教育復興担当教員の果たした役割は、いわば「スクールソーシャルワーカー的な役割」であった（桂 2005, 馬殿 2005a）。より具体的には、「教育復興担当教員の職務は、教育的配慮を必要とする児童・生徒を中心に、心のケアのためのカウンセリング的アプローチだけでなく、学習環境の回復や生活支援のために、福祉関係機関とのコーディネーターとして、スクールソーシャルワーカー的な役割にまで及んでいった」という。教育復興担当教員は、「配置された学校の校務分掌に位置付けられ、学級担任の仕事はしないが、個別の学習指導のほか、週あたり10時間程度の授業を受け持ち、集団指導を通して、個人の内面に深くかかわる心のケアにとりくんだ」（桂 2005：173）のである。

心のケアのためになぜ環境へのアプローチが必要であるのか。

阪神・淡路大震災における心のケアをふまえて渥美は、「こころ」は個人のうちにあるのだろうかと問いを投げかけた。「ケアされるべき『こころ』は果たして個人の内にあるのだろうか（略）社会という集合性の中で取り結ぶ人間関係の現れとして『こころ』が生じるのである。したがって、『こころ』をケアしようとするならば、『こころ』を析出する集合性に配視し、集合性のケアについて方法を模索すべきである。本来の『こころのケア』は、被災者が生きてきた地域社会という集合体を彼ら自身が再構築していく過程を、被災者との集合性を構築することによって支援していくものであるはずだ」（渥美 1996：198-199）。

環境にはたらきかけることは、また、問題行動の背景を考えることでもある。川西市子どもの人権オンブズパーソンも務めた羽下は、「子どもが問題を起こしたときに、震災という背景に目を向ける〝練習〟を積んだことも意義がある。その子のせいではなく体験が影響している、というとらえ方は、訓練を受けなければなかなかできない」（羽下 2009）として、教育復興担当教員が果たした役割を評価した。

問題行動を起こす子どもを「問題の子ども」とみて教室から排除するのではなく、「問題に直面して困っている子ども」、すなわち支援の対象としてとらえることは、具体的な解決に向けた第一歩となる。

教師としての本来の姿

このような教育復興担当教員による支援は、彼らが心のケアの専門性を獲得したからこそできたことだろうか。

教育復興担当教員をつとめた小学校教諭の瀧ノ内秀都は、「当時は「心のケア」という言葉もありませんでした」と述べたうえで、教師としてできることは「子どものそばにいること、いつも子どものことを見ていること、子どもの変化に気づき声をかけること」だったという。これらのことは、子どもたちにはどのように響いたのだろうか。当時、瀧ノ内の教え子だったある女性（現在は教師）は、「震災があってつらかったけど、3年生の3学期が一番楽しかったです。学校が再開していつもの友達がいて、いつもの先生がいました。震災があったから、そんな当たり前のことが幸せに感じたんだと思います」と述べたという。これをふまえて、「『子どもの心のケア』と聞けば、何か特別なことをしなければならないように思ってしまいます。そうではなくて、先生だからできる「心のケア」があります」と指摘した（瀧ノ内 2011：37-38）。

神戸市立本山第二小学校で教育復興担当教員を担った池見宏子は、「このような『マニュアルのない活動』こそ、本来の教育の仕事の原点」であると思えるようになった、と述べている。そして、教育復興担当教員としての活動を通して「目の前の生きた子どもたちを相手に、常に新たな可能性を模索し、未来につながる力を育むためには、既成のマニュアルにとらわれない柔軟さと、判断力や指導力が問われる」ことを学んだという（池見 1997：174-175）。子どもに合わせて支援を変えるありようは、このほかの教育復興担当教員からも指摘されている。このことから、教育復興担当教員は、教師が心のケアの専門性を新たに獲得したというよりも、教師としての本来の姿に立ち返ったのだといえる。

教育復興担当教員は、心のケアの専門性がないがゆえに、その不安を抱えつつ、徹底的に子どもに寄り添い・声を聴き、子どものつぶやきや小さな変化を待った。自分のはたらきかけは子どものためになっているのか、子どもの最善の利益にかなっているのか、と常に問いながら動いたのである。だからこそ、子どもの内面的なケアだけでは不十分であることに気づき、子どもが直面している問題の背景に目を向け、環境との調整へとその支援が発展していったと考えられる。それが、子どもを中心に据えたケアをもたらすこととなった。

5 結論──災害復興期の子どもを支える教師のまなざし──

教育復興担当教員の再評価

教育復興担当教員が果たした役割の内実は何であったのか。

当初、教育復興担当教員は、教職員定数算定の特例措置を設け、被災地域の学校運営や教育上の指導が円滑に行われるようにすること、これに加えて震災後の児童生徒の心の健康に関する相談などに対応するための追加加配であった。

これに対する従来の評価は、子どもの心のケアにあたったこと、そして防災教育を推進したというものである（兵庫県 1996，我妻 2012）。とくに、２００５年度以降は「阪神・淡路大震災に係る心のケア担当教員」に名称が変化したこともあって、子どもの心のケアを担ったという評価が一般化したと考えられる。

一方、本研究を踏まえると、教育復興担当教員が担った支援の内実とは、①子どもの自己回復力を基盤としたこと、②それに基づいて学習権保障を行ったこと、③子どもの内面だけでなく環境へもアプローチしたことの三点であったと考えられる。翻って考えれば、災害後の子どもの心のケアを子ども中心のものとしていくために教師ができることは、これらの三つを包括的に保障することである。

チーム学校

環境へのアプローチといえば、スクールソーシャルワーカーの学校への配置の必要性が叫ばれるようになり、「チーム学校」への期待が高まっている。チーム学校とは、教育課程の改革や、複雑化・多様化する子どもの課題への対応、そして教職員が子どもと向き合う時間を確保するために、スクールカウンセラーやスクールソーシャルワーカーといった教育以外の専門スタッフを法令上で位置づけようとするものであり、国の審議会で検討されてきた（「チームとしての学校の在り方と今後の改善方策について」（答申）2015年12月21日、中央教育審議会）。

学校は子ども支援の現場である。子ども支援にあたっては、教育のみならず福祉や心理の専門家との連携が喫緊の課題である。とはいえ、専門職がただ参入するのではなく、それぞれを結び付ける存在が必要である。単なる参入は、「タテワリ」の溝に落ちる子どもたちを生みかねないからだ。そこで参考になるのが、教育復興担当教員である。かつて、教育復興担当教員が、子ど

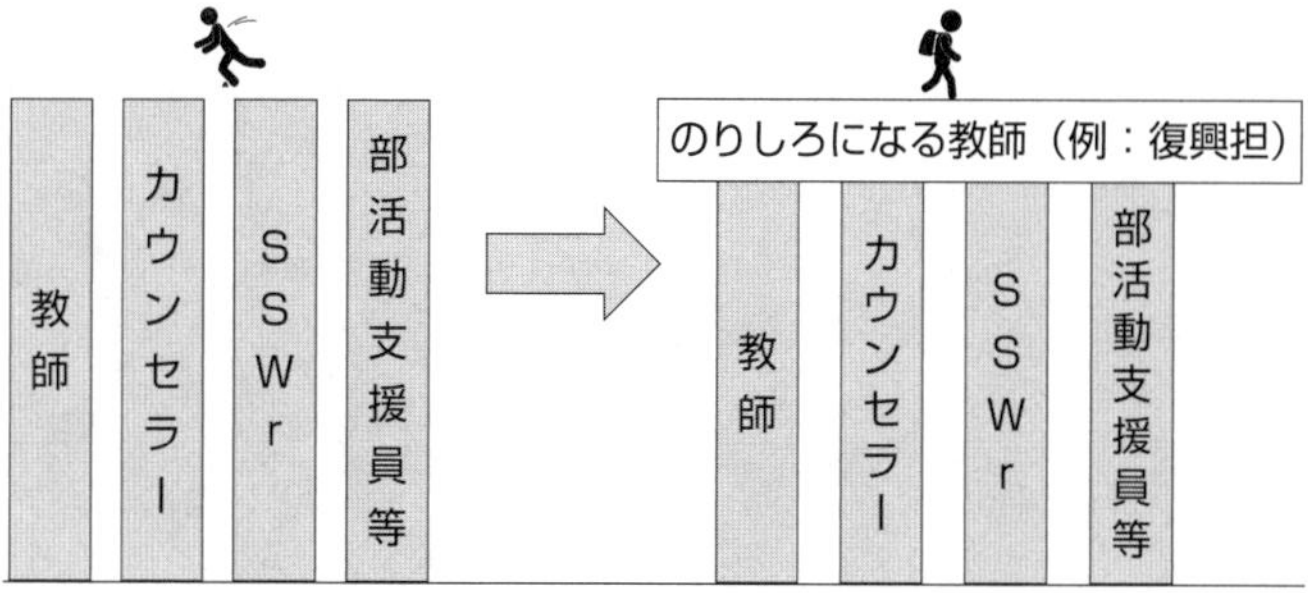

図1-3　子ども支援の専門家をつなぐ教師

もを中心に心理や福祉の専門家と現場の教職員、保護者の橋渡しをしたように、のりしろになる教師が必要である。

今後の研究課題

教育復興担当教員は、１９９５年度に始まり震災の年に生まれた子どもが義務教育を修了する２００９年度まで続いた。これに対し、東日本大震災の被災地域では、すでに子ども支援ＮＧＯ／ＮＰＯの撤退が始まっている。これはどうとらえればいいだろうか。

兵庫県教育委員会の調査によれば、阪神淡路大震災から10年目にあたる２００４年度であっても１３３７人の子どもたちが心のケアを必要としている。なお、兵庫県教育委員会の調査では、震災以降に生まれた子どもたちは調査対象からはずされている。これに対して兵庫県教職員組合による実態調査や聞き取り調査からは、震災後に生まれた子どもであっても「夜驚症になったり、退行現象、集中力に書ける、落ち着きがない、いらいらしやすく攻撃的になる、音や振動に過敏に反応するといった子どもが震災の被害の大きかった家庭に見られる」ことが明らかとなっている（兵庫教育文化研究所・兵庫県教職員組合 2005b：32-33）。これは、震災を契機とした家庭の経済状況の悪化や保護者の離婚・再婚、ＤＶや虐待といった二次的要因によるものであろう。

教育復興担当教員の経験が示唆するのは、発災後５年が経過した東日本大震災の被災地域において、子ども支援はもう必要ないのではなく、むしろこれからの時期こそ求められるということである。そしてそれは、震災の恐怖といったわかりやすい形ではなく、よりわかりにくい形で表出するだろう。教育復興担当教員の経験に学びながら、長期的な視野に立って子どもを支え続けるまなざしが求められている。

第2章

災害と子育て支援

中越大震災とジェンダー学習の組織化

1 序論—乳幼児期の親子が主体となるには—

災害は、たとえ、乳飲み子を抱えていようとも避けてはくれない。災害と子育て支援という一見相容れない二つの領域は、東日本大震災以降、喫緊の課題として認識されるようになった（橋本 2012：26）。男女共同参画白書や防災白書では、災害発生時の「授乳スペース」「おむつ替えスペース」の設置や復興段階における子育て支援ＮＰＯの活躍を毎回のように取り上げている。だが、これらの試みは、乳幼児のいる家庭にとって必要最低限のことでしかない。「次の災害に備えて、更衣室や授乳スペース、粉ミルクや生理用品が備えられることだけが「女性の視点」で防災を考えたことにはならない」（村田 2012：92）のである。乳幼児とその親が支援の「客体」である限り、主体的な回復や災害リスク削減への道は拓けないのではないか。

そこで本研究では、乳幼児期の親子が主体となるような災害と子育て支援のありようをジェンダーの視点から検討する。村田晶子は、とかく災害後は「絆」や「家族」「共同体」の無条件の強制が強まることに対し、「女と男の関係の歪を糺すために、今、しておかなければならないのはこの「声」を聴き取ること、そして「声」をあげられる社会を創ること」であると指摘する（村田 2012：91）。この指摘をふまえ、本研究では、災害リスク削減とジェンダー主流化の国内外の動向を整理し、中越大震災とその後の長岡市の取り組みにおける「声」を追っていく。当時の記録集やインタビューに表出した「子育て」「家族」をめぐる「声」に今一度耳を傾けることで、乳幼児期の親子が災害時に直面するジェンダーを解きほぐす道筋が見えてくると考えられる。このことから、乳幼児期の親子が災害に主体として向き合っていくためにどのような枠組みが求められるのかを検討する。

2　災害リスク削減とジェンダー主流化

国際的動向

災害に対する国際的な取り組みは、１９８７年の国連総会において１９９０年代を「国連防災の10年」と決定したことに始まる。1994年には中間レビューとして国連防災世界会議が横浜市で開催され、「横浜戦略」が採択された。[1] これを受けて2000年には国連防災の10年を継承する形で「国際防災戦略」が発足、第2回国連防災世界会議が神戸市で開催され、「兵庫行動枠組み」が採択された。[2] これら2回の国連防災世界会議を経て、災害対策の焦点は「ハザード（災害を引き起こす自然の破壊力）の工学的な制御＋被災後の大量の人道支援」から「災害リスク削減」へと移った（池田 2012：73）。すなわち、自然の破壊力を防ぐと同時に、ジェンダーなどの社会的不平等や政治経済のあり方などの「社会に存在する脆弱性」を解消し、災害に強いコミュニティをつくることが「災害リスク削減」として目指されるようになったのである（新井 2012：3）。

1990年代は、ジェンダー主流化の国際的な流れにおいても、災害分野が着目されてきた。北京で開催された第4回世界女性会議（1995）では、北京宣言および北京行動綱領が、環境の悪化と災害によってすべての人の生活が影響を受け、女性に対してはより直接的な影響が及ぶ場合が多いことを認識し、女性の役割と環境について一層の調査を進めるように勧告した。

第23回国連特別総会「女性2000年会議：21世紀に向けた男女平等、開発および平和」（2

1　第1回国連防災世界会議では、防災や災害復興の課題として初めてジェンダーが議論された。
2　第2回国連防災世界会議で採択された兵庫行動枠組みでは、ジェンダー平等の促進が災害リスク削減を有効に推進に資するために不可欠な課題の一つとして強調されている（パラ13, d）。

000）では、自然災害は北京行動綱領の完全実施を妨げる今日的課題であるとされ、防災・減災および復興に向けた戦略の策定、実施にあたってはジェンダーの視点を盛り込む必要があるとされた。2002年に開催された第46回国連女性の地位委員会（CSW）では、パネル2「環境管理と自然災害の軽減：ジェンダーの視点から」において合意文書が採択された。「災害の削減、災害への対応及び復興においても、女性や女児があらゆる人権を完全に享受できるよう保障する」「気候の変動、災害による危害、災害、及びそれらの根本原因を含む、関連した環境上の脆弱性による影響に関する、特に学術部門が現在行っている調査において、ジェンダーの視点を主流化する」[3]ことなどが各政府や国連機関、NGOなどに求められた。

なお、2005年の第49回国連女性の地位委員会（北京+10）では、日本が共同提案国となり「インド洋沖津波災害を含む災害後の救済・回復・復興取組におけるジェンダー視点の統合」が決議されている。

国内動向1：防災基本計画

「災害と女性」のテーマが日本国内で本格的に取り上げられるようになったのは、阪神・淡路

3 「第46回国連婦人の地位委員会　合意結論　環境管理と自然災害の軽減：ジェンダーの視点から」http://www.gender.go.jp/international/int_kaigi/int_csw/pdf/chii46-goi-2.pdf　最終アクセス　2016年3月11日

大震災（1995年）から10年近く経過した2004年の新潟県中越大震災からであった（相川2006：5）。阪神・淡路大震災においても、女性が男性より千人近くも多く犠牲になっている、神戸・阪神間で10万人近い人が解雇され、その多くが女性の非正規雇用者だったなど、実際には多くの女性たちが課題に直面していたものの、解決しなければならない社会課題としては十分に認識されてはいなかった。

中越大震災では、村田吉隆防災担当大臣（当時）の指示により、内閣府男女共同参画局女性職員が、政府の現地対策本部に初の「女性の視点」担当として約2週間派遣された。避難先での女性たちの声に耳を傾け、避難所の環境改善などの提言を行ったが、これにより2005年7月の中央防災会議「防災基本計画」に「女性の参画」「男女双方の視点」が追記・修正された[4]。山地はこの修正について「それまで、防災基本計画が男性の視点から策定されてきた事を明示したとも言える」と指摘し（山地 2009：46）、「成人・男性・健常者」を主体とした防災基本計画にはじめて女性の存在が明示化されたこと自体に大きな意味」があると評価した。

つづく2008年には、「防災に関する政策・方針決定過程及び防災の現場における女性の参

4　これは、防災基本計画案が内閣府政策統括官防災担当より全省庁にたいして行われた紹介において、内閣府男女共同参画局より意見提出があり、政策統括官防災担当と男女共同参画局とで協議調整を行ったためである（山地 2009：57）。

画を拡大し、男女共同参画の視点を取り入れた防災体制を確立する必要がある」と修正されたが、これについて、政策決定過程における女性の参画を明記したことの意義は大きいと評価した（山地 2009：57）。これを受けて、地方自治体による地域防災計画の見直しが行われている。

国内動向2：男女共同参画

２００５年12月に策定された第２次男女共同参画基本計画は「第12分野　新たな取組を必要とする分野における男女共同参画の推進」として、「防災（災害復興を含む）施策」がはじめて取り上げられた。その理由としては、中越大震災発災後の「女性の視点」担当派遣と、２００５年１月の国連防災世界会議の影響が大きい（山地 2009：54）。

２００８年12月には、全国知事会が47都道府県を対象に「防災分野における男女共同参画の推進に関する調査」を実施した。この調査は、２００５年１月に策定された兵庫行動枠組み、２００５年７月の防災基本計画の修正を受け、女性の参画や男女双方の視点が明記されたことを踏まえて「男女のニーズの違い、男女双方の視点に配慮した対策が各都道府県の地域防災計画にどのように記載され、さらに実現したかを検証すること」を目的として実施された（堂本 2013：99）。その結果、「防災分野に女性の意見を反映するための具体的な施策・制度がある」都道府県はわずか11（23・4％）であり、36（76・6％）は「ない」と回答した。また「災害備蓄について、特に女性の発案によって備蓄している物資があるか」という質問には47都道府県すべてが「ない」、

「防災・被災・復興等に関して、主に女性をターゲットとした独自のガイドライン・計画・施策等がある」都道府県はわずか1であった（堂本 2013：100）。もちろん、国・都道府県・市町村において枠組みができあがるには時間がかかる。防災分野の男女共同参画がほとんど進んでいない現状が把握できた矢先に、東日本大震災が発生した。

内閣府男女共同参画局は、震災後の早い時期から被災女性のための通知を複数だしている。2011年3月16日には、「女性や子育てのニーズを踏まえた災害対応について（避難所等での生活に関する対応の依頼）」として、①避難所で提供する物資に含めるもの（生理用品、おむつ、粉ミルク、哺乳瓶、離乳食）、②女性や子育てに配慮した避難所の設計（プライバシーを確保できる仕切りの工夫、男性の目線が気にならない更衣室・授乳室、入浴施設、安全な男女別トイレ、乳幼児への対応）、③女性のニーズ等を反映した避難所の運営体制等（〔1〕現地支援体制による女性のニーズ把握、〔2〕各避難所の運営体制への女性の参画、避難所への意見箱設置、地域の医療機関などとの連携、女性医師・保健師などによる悩み相談サービスの提供とその周知）、④女性に対する暴力を防ぐための措置（警察など関係機関における警備強化、性犯罪や配偶者間暴力等についての相談サービスの提供とその周知、安全な環境の整備、女性への注意喚起）、⑤妊婦などへの配慮、を要請した。

これに対し、実際には間仕切りが避難所の端に放置されたまま活用されずに女性たちが苦しむといった事態が生じたことが報告されている（八幡 2012：6-7）（やはた 2012：18-20）。加えて、2011年11月から翌年3月までに同局が被災自治体も含む地方公共団体、地域団体、企業などを対象に実施した「男女共同参画の視点による震災対応状況調査」において、これらの通知について「知らなかった」と答えたものは半数をこえている。皆川は「伝わったとしても、この情報が最も意味を持つ避難所で理解できる人がいなければ、それは機能しない。平時にできないことは、非常時にはなおさらできない」として、情報が容易に「見えなくさせられてしまう」ことを指摘した（皆川 2012：54-44）。

本研究の視角

災害リスク削減とジェンダー主流化の国際的な波にもかかわらず、日本国内ではいまだ多くの女性たちが災害時に強化されるジェンダーに苦しめられている。どのような枠組みがあれば、主体的に災害と向き合うことが可能となるのか。

災害とジェンダー研究が明らかにしてきた主要な観点について、インド洋大津波などにおける国際的な研究の知見から、池田は、①人的被害そのものに男女差があり、女性がより多く犠牲になっている。②災害時にはジェンダーに基づく性別役割分担が強化されることにより、女性の労働負担が増加し、また復興資源へのアクセスが女性に不利になる、③災害後には、女性への暴力が増加するなど人権が守られにくくなる、④女性が災害リスクを軽減するために多くの役割を担い、回復力を持っている、の4点を挙げた（池田 2010：4-5）。

とはいえこのような知見がくらしの場に活かされていないのが日本の現状である。そこで、本章では、災害とジェンダーが社会問題化する契機となった中越大震災と、その後の長岡市における市民団体および自治体の取り組みに注目する。長岡市では、とかく保護と啓蒙の対象として設定されがちな乳幼児期の親子をいかにして防災の主体としていくのかということが、大震災後10年におよぶ取り組みから問われてきた。そして、その取り組みの背景には、20年以上にわたるジェンダー学習が培った生活のなかのジェンダーに向き合っていく力があったと考えられる。

3　中越大震災と子育て家庭の実態

中越大震災とその対応

新潟県長岡市は、面積約890㎢、人口約28万人、新潟県下第二の都市である。水害や雪害で知られ、長岡市総合計画基本構想・前期基本計画では、まちづくり戦略として「災害に日本一強いまちづくり」を掲げている。

2004年10月23日17時56分、震源の深さ13㎞、M6・8の地震が発生した。川口村で震度7を、小千谷市・山古志村・小国町で震度6強、長岡市で震度6弱を記録した。本震発生直後1時間以内に震度6強の余震が2回発生するなど活発な余震活動が特徴である。

被害状況は、死者39名、負傷者2623名、住家全壊415棟、住家半壊874棟、住家一部

破損9409棟、建物火災9棟であった。気象庁は、この地震を「平成16年（2004年）新潟県中越地震」と命名した。

中越大震災の災害対応の特徴の一つは、前述の通り発災直後に内閣府男女共同参画局女性職員が「女性の視点」担当として現地へ派遣されたことである。この背景には、阪神・淡路大震災における女性たちの経験と、政治へのはたらきかけがあったと考えられる。「女性の視点」担当は、避難所訪問、避難者との意見交換、女性の悩みの聞き取り、女性のニーズ把握等を実施し、新潟県に女性の相談窓口を設置した。これらの取り組みは先に述べたように国内における防災分野の男女共同参画へとつながっていった。

子育て家庭の直面した困難

内閣府「女性の視点」担当派遣に代表される災害と女性支援の動きの一方で、子育て家庭、とくに乳幼児のいる家庭は、避難先でこの時期特有の困難に直面することとなった。

乳幼児のいる家庭がどのような課題に直面したのかを明らかにしたのは、新潟県内の子育て支援に携わっていたNPO法人ヒューマン・エイド22である。ヒューマン・エイド22は、2004年12月から翌年2月にかけて「中越地震に関するアンケート」を実施し、集計結果を報告書として発行した。アンケートの対象は、被害の大きかった「小千谷、長岡、十日町、見附の子育て支援センターを利用している、主に未就園のお子さんをもつ家庭」であり、225部を配布し21

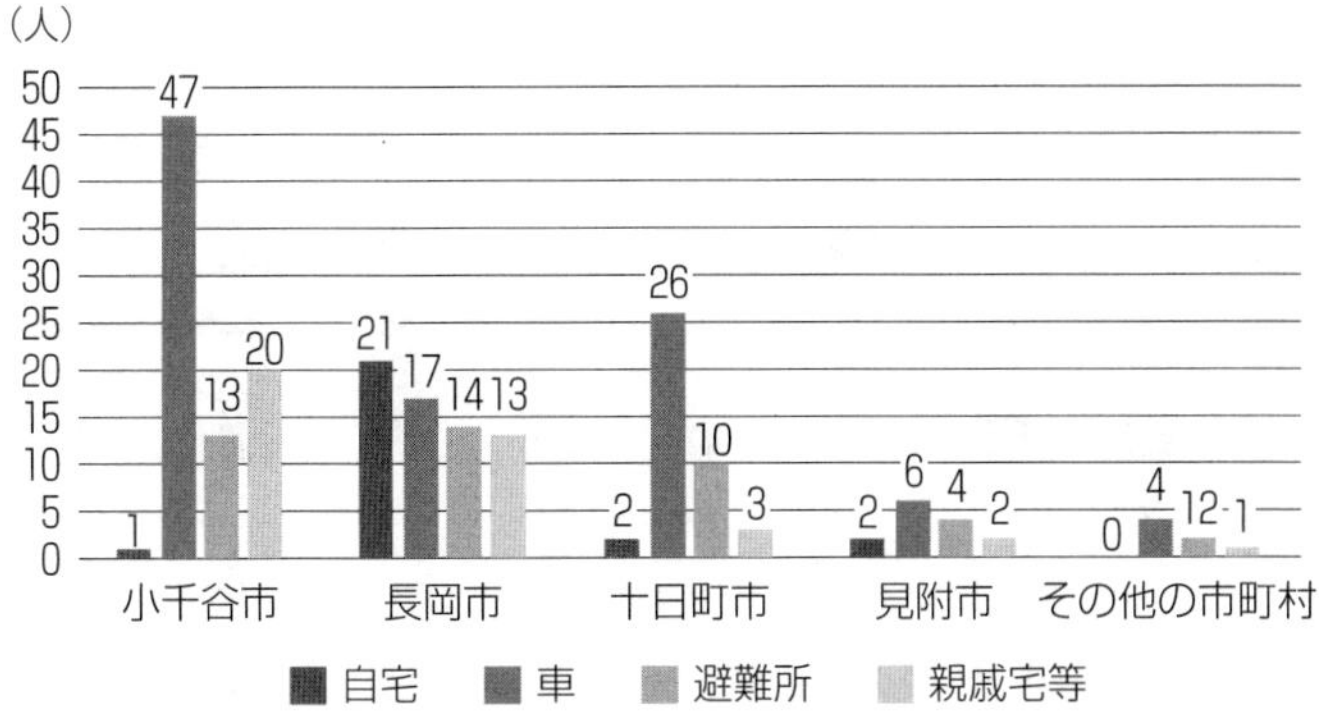

図2-1　避難した場所

（出所）NPO法人ヒューマン・エイド22（2005：5）をもとに作成。

6部を回収した（NPO法人ヒューマン・エイド22 2005：4）。

子どもの年齢で最も多かったのは1歳（86人），次いで2歳（65人），0歳（54人）である。乳幼児を抱えた家庭の避難状況はどのようなものであったのだろうか。自治体ごとの避難した場所の人数は図2-1の通りである。

いずれの自治体においても避難した場所として「避難所」と答えた人が決して多くないことがわかる。「自宅」「車」「避難所」「親戚宅」以外の避難先としては，「自宅前のビニールハウス」「スーパーの駐車場」「隣の家の小屋」などが長岡市民から挙げられた。

避難に関して「不便だったこと」の自由記述には，「夜寝かしつけるとき騒ぐので，心苦しかった。トイレに行くときなど，見てくれる人がいなくて困った。」「避難所での子どもの遊び場（うるさくできるところ）がなかった。」「トイレが避難所から遠かったため，子

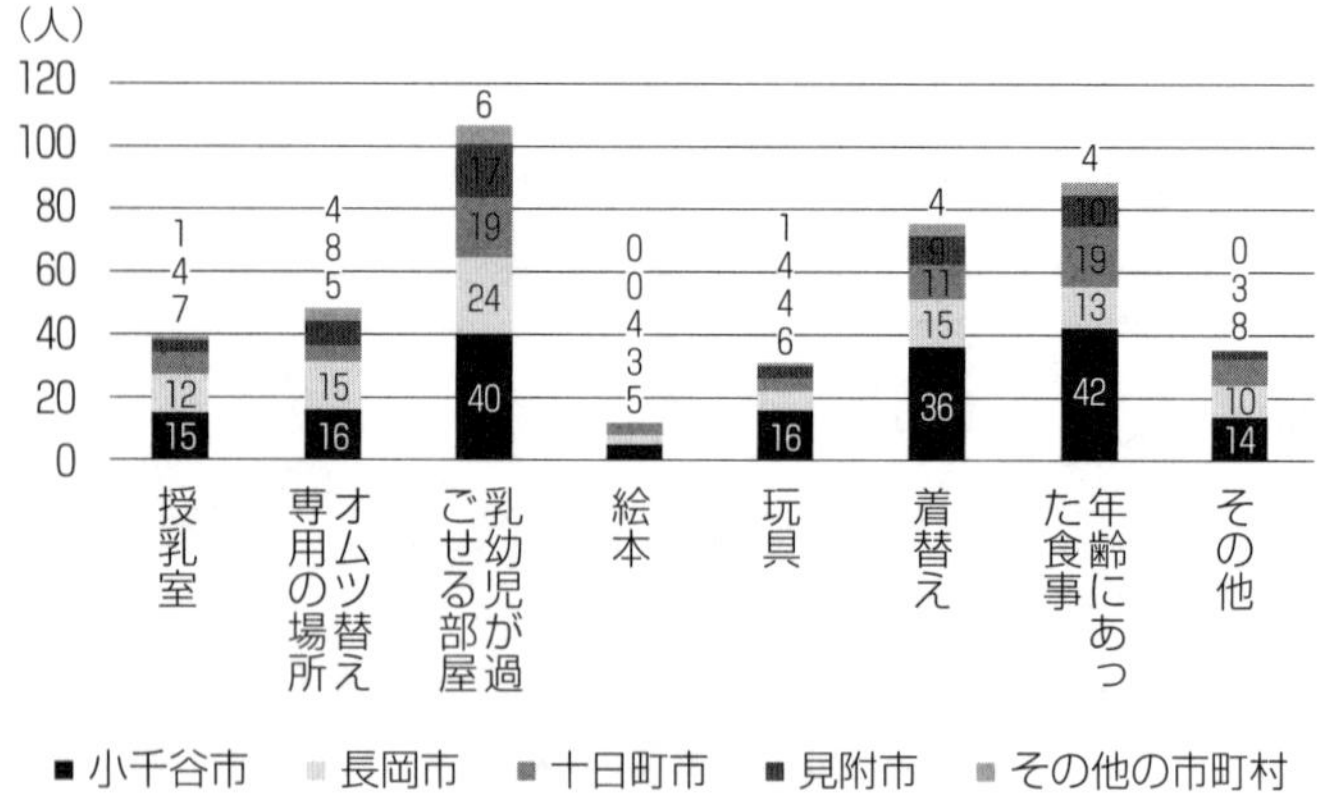

図2-2　子どもを連れての避難で必要だと思ったもの

どもが大変だった。」など、乳幼児家庭にとって避難所が居づらい場所であったという声が多く見られた。

「子どもを連れての避難で必要だと思ったもの」を問うた質問の結果にも、避難所の不便さが表れている（図２－２）。最も必要だと思ったものは「乳幼児が過ごせる部屋」（１０６人）であり、「年齢にあった食事」（88人）、「着替え」（75人）と続いている。おむつ替えや授乳、離乳食、お昼寝や遊びは、乳幼児の発達には不可欠の要素である。しかし、避難所にはそれらを当たり前にできる場所がなかった。乳幼児期特有の必要性は、それ以外の多くの人たちには認識されにくい。避難所を運営する側に乳幼児を育てた経験がなければ、なおさら尊重されない。

ヒューマン・エイド22がまとめた「中越地震に関するアンケート集計結果」は当時の実態を知る貴重な声である。報告書発行後には、県内外から問い合わせが相次ぎ、当初作成した100部は瞬く間になくなり、2005年5月に200部、2006年1月に2000部増刷した（ヒューマン・エイド22 2006：2）という。

母親による体験の共有とその限界

中越大震災後、アンケートによって震災後の実態を把握する動きとは別に、子育て期の母親自身が体験を共有する動きが見られた。

2001年に結成された「長岡子育てライン・三尺玉ネット」は、拠点をもたずに出張子育てサロンなどを開催していた団体である。中越地震の翌日には、避難所をまわり、絵本の読み聞かせなどの支援活動をした。そのとき、「社会の中で子育てをするんだったら、関心のある人、子育ての時期にいる人だけでつながっているだけではよくなるわけがない」と気づき、山古志のお母さんたちから郷土料理を教えてもらう企画などに取り組んだ。山古志のお母さんたちからは「震災の後、ボランティアにたくさん来てもらって、ほんとに物もいっぱいもらったし親切にしてもらって、あれこれほんとにやってもらうことばっかりだった。でもこうやって自分たちがあたりまえにつくっていたものを、自分たちが目をつぶってもつくれるような『ちまき』づくりを教えてこんなに喜ばれて、あぁまだ生きていても大丈夫かなって思った」と言われ、支援とは一方的なものではないと気づいたという（松井 2011：76-77）。これを受けて、2007年初めに多世代・多文化・多分野・多地域の交流をめざして「にな二ーナ」が結成された。「にな二ーナ」という名称は長岡の郷土料理「煮菜」に由来し、山古志のお母さんたちとの交流からヒントを得たという。そのさなか、2007年7月16日に中越沖地震が発生した。

中越沖地震の1週間後には柏崎の知り合いと連絡をとり、イベントを行った。大きなホールを借りて子どもたちに「思いっきり走り回ってもらい」、紙芝居をしたり、専門家の相談コーナーを設けたりした。メーリングリストで現地のニーズを発信して、届いた情報や物資を届けるという「中継地点的な活動」も行った。避難所では、授乳や着替え用のコーナー設置を要望したが、これは中越大震災の経験、そこで欠けていると感じられた「女性の視点」を踏まえたものであったという（松井 2011：78-79）。

その後、2010年には、になニーナはNPO法人として認証された。現在では、子育て世代を中心とした居場所づくりや活動を運営するスタッフの育成、子育ての視点で防災を考える取り組みなどを展開している（松井 2011：75）。そして、二度の地震と一度の水害を経験し、自ら避難し、支援した経験の気づきから生まれたのが『あんしんの種』（2011）である。

『あんしんの種』は、大きく「ママたちの被災体験」（pp. 4-21）、「旧山古志村被災ママ座談会」（pp. 22-23）、「特別対談当事者として支援者として」（pp. 24-27）、「三尺玉ネット支援活動の記録」（pp. 28-29）の四つから構成される。なかでも多くのページを割いているのがママたちの被災体験である。体験は1から8まであり、それぞれ「母は強し！ママたちの被災体験」「地震発生！そのとき家族は…」「初期非難の過ごし方いろいろ」「その後の避難生活1」「その後の避難生活2」

「その後の避難生活3」「避難生活の大きな転機」「こどものこころのケアは?」となっている。体験1から8では実体験に基づいた困難や課題が示され、それに対応する具体的な解決策として「あんしんの種①」から「あんしんの種⑬」が示されている。

たとえば「体験8　こどものこころのケアは?」には、「地震が来た直後から、言葉も発せずがちがち硬直してしまった。泣きも笑いもしなくなって、次の日くらいまで言葉を発しなかった」「しばらくの間、下の子は足が地面につくのも怖がった。ちょっと離れると『こわいこわい』って」という母親の声に対し、「怖かったことや、悲しかった事をゆっくり聞いてあげてください」「『地震ごっこ』で楽しそうに遊んでいたら見守ってあげましょう」というような「あんしんの種⑩」が記載されている。地震直後の母親が直面した出来事や、避難所に居づらかったエピソードなどがやわらかな色合いで表現されており、読みやすい工夫がなされている。

一方、「体験2　地震発生!その時家族は…」には以下のような声が紹介されている。

夫は地震の翌日から全国の支社から届いた物資を配りに、支援活動に出掛けた。小千谷や川口方面は道が壊れて寸断されて山越えの道しか行けないから、地元の人しかいけないってことになって、夫が行ってしまった。「私たちを残して行くのね…」と思った。

(妻:主婦/夫:住宅メーカー勤務/子ども3歳と1歳)

お客さんの家を見に回ったり、他の社員さんで被害の大きい人の所に応援に行ってしまった。結局男の人って災害のとき会社に呼ばれちゃうから当てにならないよね。

（妻：主婦／夫：自営業／子ども：2歳と6か月）

何かあると「この人は家にいない人なんだ。家族じゃなくてお客さんに会いに行かなくちゃいけないいんだ」って思った。ほんとに女って可愛くはいられない。どんどんたくましくなるよね。

（妻：主婦／夫：教員／子ども：3歳と3カ月）

ここには、災害のあと、「夫」はすぐにでも会社に向かい復旧に従事することが当たり前とされる現実を見ることができる。必然的に、子どもと一緒にいるのは母親だけとなる。これに対応するのは「あんしんの種②パートナーが一緒にいられないとき、頼りになるのは…」である。そこでは、「お互いの実家または両親」「ご近所さん&町内会」「ママ友や家族ぐるみの友達」「子育て支援団体」が、パートナーが一緒にいないときに頼りになる相手として紹介されている（になニ〜ナ 2011：6–7）。

『あんしんの種』には、母親たちがその体験を共有し、具体的な提案をすることでなんとか震災を乗り越えていこう、という切実な想いがある。その経験や想いは非常に貴重な声であり、記録として共有される意義がある。一方で、夫の不在という旧来のジェンダー役割を肯定せざるを得ない限界も垣間見える。乳幼児期の親子は、災害時に強化されるジェンダーを、受け入れるほかないのだろうか。

母親の主体化という課題

災害発生後、父親は職場へ直行し、母親は子どもと一緒にいる。乳幼児期の親子が、災害時に強化されるジェンダーを受け入れるということは、復興の主体は「成人・男性・健常者」であるという従来の考え方を踏襲するということである。このままでは、乳幼児の親と子どもが災害復興の主体となることは難しい。

国立市公民館における女性問題学習を支えてきた伊藤雅子は、「実生活の上ばかりでなく、彼女たちの意識の中でも、また社会通念としても、幼い子どもというのはいつも母親の傍にいるものとされ、母と子はワンセットで見られている傾向があります。しかも、母の中に子が入りこんでいたり、子の中に母が埋もれていたり、あるいは癒着している感じが濃厚です」(伊藤 2001：96)と述べ、子どもは、母親の傍にさえいれば周囲が安心している、是認しているという奇妙な現象がまかり通っていると指摘する。しかしながら、この「母親のあるべき姿」は、母親を社会から切り離し、父親を子育てから遠ざける。伊藤は、「幼い子どもとともに四六時中家で暮らしている母親の生活が、当の母親にとって、その、ひとりのおとなとしての成長・発育をむしばんでいはしないか」と疑問を投げかける(伊藤 1993：102)。

乳幼児期の親子が災害復興の主体となっていくためには、母親が社会を担う主体として成長し、同時に子どもも成長するようなとらえ方が不可欠である。伊藤は「育児に〈専念〉などしていては子どもは育たないし、親も育たない」という（伊藤 1993：106）。たしかに、家庭や親子の枠を越えて広がる人間関係がなければ、子どもも親も育たない。そのためにはまず母親が「母であることを自分自身でとらえなおす」（伊藤 2001：145）学習が求められる。折しも長岡市ではジェンダー学習がなされてきた。そこで次に、長岡市で長年積み重ねられてきたジェンダー学習と中越大震災の記録化について検討したい。

4 中越大震災の記録とジェンダー

ジェンダー学習と中越大震災の記録

震災体験をジェンダー視点から記録化したのはウィメンズスタディズ・ネットワーキングである。1991年に新潟県の事業としてウーマンズカレッジ・女性学講座が催され、それに参加した女性たちが「受講後さらに学び続けたいという意思で『女性学修了者の会』を立ち上げたこと」が、ウィメンズスタディズ・ネットワーキングの発端であった。月1回長岡を拠点に「私たちの生活や地域の中に生ずる問題を女性学の視点で見直し、考えてみよう」と学習会を実施し「活動記録」をまとめてきたが、2004年は未曽有の災害により学習会の中止が相次いだ。そのため、

2004年度の「活動記録」は特別編集の「中越地震体験記」とした。代表の鈴木は、「あの日から既に8か月。被災地にも日常が戻りつつあるように見えます。しかし、それは表面だけのことで、ひとりひとりの苦悩には多くの問題が課せられています」として、体験記から「被災したからこそわかる思いを受け止めて」ほしいと述べる（鈴木 2005：2）。

浮き上がる日常のジェンダー

発災後、まず求められるのは迅速な救命・救助であり、社会の復旧・復興に全力を注ぐことが叫ばれる。このことを女性の側から見てみるとどうだろうか。高橋は、仕事がありながら震災翌日から自宅待機となった自分と、震災翌日から出勤した夫を対比させ「いつもと変わらず会社に行っていた夫と、残された私たち。この構図は非常時だけれども、日常生活の縮図のような気がした」と、同じ働く者でありながら、災害後の社会で求められる役割の違いを記した。子どもの学校が再開し自宅待機が終わるまでの2週間は「ご飯を作って、食べて。寝て…。（略）余震があるたびに『今は震度何？』と恐怖をみんなで話すことでまぎらわせていた」という（高橋 2005：19）。当たり前のように出社していく夫を見送りながら、自分の仕事はどうなるのかと不安ではなかっただろうか。なかには、すぐに職場復帰しなければならない母親もいた。しかし、学校が休みの間、子どもを一人で留守番をさせるわけにもいかず職場に連れて行ったのだという（高橋 2005：20）。自宅待機にせよ職場に出るにせよ、子どものケアが当たり前のように母親に覆いかぶさってきた。

強化される男女双方のジェンダー役割

一方、男性はどうであったか。ウィメンズスタディズ・ネットワーキングでは、男性たちの声を聴く機会がないという問題意識から、学習会の場に3人の男性を迎えて座談会を実施した。その様子を中心につくられたのが『2004年特別編集「中越地震体験記」へこたれていられない・・・!パートII』であった。

災害ボランティアセンターのチーフ役であった本間（社会福祉協議会職員）は、震災の日から2か月間、朝早くから夜遅くまでほとんど休みがなかった。周囲から「一日でもいいからゆっくり休んでくれ」と言われるほどの激務であったが、「使命感」のように思い、働き続けていた。しかし、とうとう身体的にも精神的にも限界に来てしまい、心療内科で薬をもらい丸3日間寝ていたという。本間は「この混乱の時に子どもと一緒に居られなったことを一生後悔すると思っています」と述べる。子どもの様子からも自分の気持ちとしても一緒にいたかった、けれど仕事をせざるをえなかった。それは仕事をすることを「使命感のように」背負わされていたからであり、それ以外の選択肢があることとすら気づかずに没頭していたのである（ウィメンズスタディズ・ネットワーキング 2006：8）

本間以外の男性たちも同様に、震災後は激務に追われていた。ウィメンズスタディズ・ネットワーキングは、「一般の傾向として、会社では、男の人の方が社会的仕事に対する優先意識が高い。だから、次の日から仕事に出たというケースが多い。女の人は、家のこと、子どものこと、年寄りのことを抱えて3日も4日も会社を休んでいる。また、あるキャリアの女性が、家のことに取り巻かれて会社に出るのが遅れたところ、降格された」ケースがあったと記している。とくに「子どもを抱えてる時には、どちらかというと女性はそっちの方を選択していくと思います。それは選ばされるというか選ばざるを得ないというか、そういうことになるのだと思います」として、非常時において普段にもまして子どものケアが母親の役割とされることを指摘した（ウィメンズスタディズ・ネットワーキング 2006：16）。

以上のことから、鈴木千栄子は記録集を作る過程で見えてきたことの一番目に「頑張りたくても頑張る場を与えられなかった女性たちの悔しさと、頑張りすぎてへこたれてしまい、それでも頑張らなければならなかった男性たちの悲鳴」を挙げる（鈴木 2010：42）。これは、男女双方のジェンダー役割が災害によって強化されることを意味している。[5]

5　東日本大震災でも同様の出来事がみられた。「避難所の自主運営や地域の復興のための作業分担は固定的な性別役割に沿っており、女性たちが朝から晩まで無償で炊き出しをする一方で、日当が出るがれきの撤去の従事者の大半は男性であった。避難所の責任者は男性が担うものだという認識があったため、男性が疲弊しているにもかかわらず避難所で頑張り続けるという状況も見られた。」（池田 2012b：30）などの指摘がある。

ウィメンズスタディズ・ネットワーキングは、1991年から時間をかけてジェンダーを学んできた。そうであるからこそ、災害時に強化されるジェンダーを意識化し、そこに向き合う形で記録集を編み、活動へとつなげることが可能となったのである。このことは同時に「災害時にはジェンダー役割が強化されること」を認識したうえで、女性が主体となるための道筋を検討しなければならないことを示している。

防災分野における女性の活用とはなにか

新潟県中越大震災「女たちの震災復興」を推進する会は、2008年7月財団法人新潟県女性財団より「中越大震災から来年で5年を迎えるが、長岡市男女平等推進センター・ウィルながおか登録団体から発行された地震体験を一つにまとめ、地震を体験したときのいろいろな思いを無にしないように『女性たちの』思いをまとめる事業をしてはどうか」という提案があったことを契機として実行委員会を立ち上げた。2009年には新潟県中越大震災5周年復興祈念事業として「忘れない。=女たちの震災復興=」を実施し、このようすと地震体験をまとめて『忘れない。=女たちの震災復興=』が2010年に刊行された。ウィメンズスタディズ・ネットワーキングはここでも中心的な役割を果たした。

同会は、中越大震災10年にあたって『私たちが手にしたちから、そして未来につなげる「力」』をまとめた。そこでは、中越大震災10周年記念講演のなかで大震災後に推進されてきた災害分野における男女共同参画政策について議論がなされている。

都道府県防災会議における女性委員の割合は、平成26年4月現在12・1％で増加傾向にある。これに対して、市町村防災会議に占める女性委員の割合は、平成26年4月1日現在7・1％であり、依然として全体の約3割の防災会議に女性委員がいない。他方、増加しているのは女性消防団員がいる消防団数である。平成26年4月1日現在、全国の女性消防団員は2万1684人であり、5年前に比べて約3800人増加している。とはいえ、女性の割合はわずか2・5％にとどまる（内閣府 2015：92-95）。

このような地方自治体レベルにおける防災会議への女性委員の割合を増やす、防災計画の改正に向けて女性ワーキンググループをつくるという動きの一方、ジェンダー構造を有したままの「女性の活用」に警鐘を鳴らしているのは相川康子である。相川は、中越大震災10周年祈念講演において、以下のように述べた。

ただ、最近ちょっと怖いな、まずいな、と思うことがあります。防災部局も最近、盛んに「女性の活用」と言い始めたのですが、期待する役割を聞いてみると、炊き出しであったり、子どもの心のケアであったり、高齢者のお世話であったり、婦人防火クラブでの家内防火や啓発活動だったりします。もちろん、それらが悪いと言っているわけではありませんが、あまりにも妻役割、母役割を想定したものばかりなのです。（相川 2015：12-13）

「防災分野の女性の活用」とはいうものの、ここで期待されているのはケア役割の遂行である。現実には多様である女性に対して「母役割・嫁役割・妻役割」を強調する防災プログラムについても相川は指摘している。

今は女性向けの防災研修にしても、母役割、嫁役割、妻役割を強調するものが多くて、すごい勢いで増えている未婚の人、子どものいない女性、ひとりくらしの女性、シングルマザーを想定したプログラムはほとんどありません。それでいいのでしょうか?（相川 2015：13）

ジェンダーなどの社会的脆弱性を解消し、災害に強いコミュニティをつくることが「災害リスク削減」であるならば、「防災分野の女性の活用」が、新たなジェンダー強化になってしまっては本末転倒である。これに対して相川は「女性同士が連帯感を持ちつつ、互いに補い合い、成長できるようなプログラム」が重要であると述べる。そのためには、保護や啓蒙の対象として女性を設定するのではなく、防災の主体として女性をとらえることが必要である。

加えてここで忘れてはならないのは、子どもをどうとらえるかという点である。少子化対策の名のもとに行われている子育て支援は、「子どもを女にとっての『ストレスの根源』『障害物』視するまなざしに同化させながら、人間的な悩みの感情を拡散させ、気を紛らわせようとしている」

（村田 2006：171）ものが散見される。女性が成長できるプログラムのために、子どもがほったらかしにされては親子が主体となることはかなわないだろう。親も子も、ともに成長し、主体となっていくためにはどのようなプログラムが実施可能であろうか。次に長岡市の事例を検討する。

5 結論―子どもと子育て期の親が主体となる防災・復興―

平日日中の避難訓練の概要

長岡市は、２００４年7月の水害、10月の中越大震災の経験から、全国に先駆け「防災分野における施策の推進」を盛り込んだ「長岡市男女共同参画社会基本条例」を２０１０年12月に制定し、翌２０１１年4月に施行した。その具体化の一つとして、２０１１年に平日日中の災害に備えるワークショップと防災訓練を、山通地区と日越地区の2地区で実施した。ここでは、自治会と子育て支援団体が参加した日越地区に着目して検討する。

日越地区は、信濃川の西に位置し、人口９６７７人、世帯数３５６７世帯、高齢化率18・6％、4歳以下の人口割合5・3％（住民基本台帳、２０１１年4月1日現在）である。事業を実施したのは、日越地区のうち、七日町および南七日町であり、人口１２６５人、世帯数５２１である。この地区は、日越コミュニティセンターなどを拠点として、乳幼児を抱えた母親たちによる

表2-1　平日日中の災害発生に備えるワークショップと防災訓練スケジュール

スケジュール	日時と開催場所
第1回関係者打ち合わせ	2011年9月30日（金）10-12時 ながおか市民防災センター
第2回関係者打ち合わせ	2011年10月31日（月）10-12時 ながおか市民防災センター
日越地区現地視察	2011年11月2日（水）10-11時 日越コミュニティセンター、南七日町公民館
ワークショップに向けた打ち合わせ	2011年11月7日（月）16-17時30分 ウィルながおか調査研究室
平日日中の災害発生に備えるワークショップ	2011年11月8日（火）10-12時 日越コミュニティセンター
防災訓練に向けた事前打ち合わせ	2011年11月18日（金）10-11時30分 日越コミュニティセンター
平日日中の防災訓練・意見交換会	2011年11月29日（火）10-12時 南七日町公民館

（出所）長岡市（2012：17-18）より作成。

サークル活動が活発であり、地区外からも参加する人が多いのが特徴である（長岡市 2012：16）。

実施にあたっては、各町内会のほか、長岡市危機管理防災本部、長岡市市民活動推進課、中越防災安全推進機構、長岡市男女平等推進センターが協力した。これに関して、長岡市男女平等推進センター長の渡辺俊雄は「発端は、私ども男女から出てきた話なのです。というのは、平成16年に大きな災害を2回経験していますが、そのときに平日の日中に地域に残っているのは子育て中のお母さんと高齢者しかいないということがわかったのです。」〔2012年12月4日インタビュー、以下同じ〕と述べる。自主防災組織があったとしても、その中心となる成人男性は、平日日中は勤務先にいて地域にはいない。平日日中に災害が起こったらどうすればいいのかという課題認識は危機管理防災本部にもあった。とはいえ、ジェンダー視点からはどう進めていけばいいか不透明であった。そこで、男女平等推進センターが中心となりジェンダーの視点を取り入れた取り組みを展開したという経緯である。

なお、全体スケジュールは表2-1のとおりであり、打ち合わせ、現地視察、2回のワークショップから構成された。

平日日中の災害発生に備えるワークショップと防災訓練

11月8日に実施したワークショップ[6]には、子育てサークルと南七日町町内会を中心に約30人が集まった。相川康子をコーディネーター、樋熊憲子をアドバイザーに、「地域防災力向上ワークショップ」として参加者約20名を2班に分け、①平日日中に災害が発生した場合の不安や困難、②どのように対応できればよいか、③そのために必要な備えは?、④どの備えから取り組むか、の4点について話し合いを行った。2班は、話し合いの共有を挟んで、防災訓練の実施プランを

6 ワークショップと防災訓練は、1日ではなく2日間に分けて実施した。これは「子どもは2時間が限度なので、ワークショップと訓練はわけましょう」〔2012年12月4日、渡辺〕ということで、子育て期の親子に配慮した形でプログラムを組んだ。

作成した。なおアドバイザーの樋熊は、長岡市におけるジェンダー学習とその後の記録化に長年携わってきたメンバーのうちの一人である。

ワークショップの結果、1班は、「避難先がわからない」「子どもと二人でどういうふうに行動したらいいかわからない」という意見があったことから、「プチひなん&プチかまくんれん」と題し、まずは身近で集まれる場所を確認しつつ公民館までの道を歩いてみることを提案した。

2班は、「子どもの不安は?」「知的障害のある子どもはどうすればいいか?」といった意見から「みんなで創ろう!母子の避難所」をテーマに、みんなでくらせる快適な避難所づくりを提案した。

これら二つの提案をあわせて、11月29日に防災訓練を実施した。まずは「プチ避難」である。午前10時、子育て中の母子は自宅を出発し、避難できる身近な場所を確認することから始めた。その後、南七日町公民館に向けて移動を始めた。同じころ、町内会の男性たちは防災倉庫の掃除・点検を実施した。10時20分頃には南七日町公民館に集合し、身近な避難場所と避難ルート、感想などを共有した。10時50分からは、「みんなで創ろう!母子の避難所」ということで、部屋のレイアウトを図にとっての間仕切り、カセットコンロでの湯沸かし、防災倉庫の確認と発電機体験などを実施した。最後に参加者の一言感想とアドバイザーの講評を共有して終了である。

母と子どもの主体化

避難所設営では、まず、部屋の中にキッズスペースが設けられた。そのときのようすを、渡辺俊雄と樋熊憲子は以下のように語っている。

渡辺：なんでこのキッズスペースを作ったかというと、要するにこの母子避難所を設営するにあたって子どもがつきまとうとなかなかはかどらない。子どももけがをするとこまるから。それにはやっぱり子ども同士で遊べる場所をつくるべきだということになったんですね。

樋熊：最初にパーッと片づけて、真ん中に机をくっつけて、何だろうと思ったら、キッズスペースだった。

渡辺：周りからいろんな準備をしているんだけど、真ん中に子どもがいるからどこからでも見えるんですよ。

樋熊：これは訓練だけど、本当に揺れたりすると、誰かがいて、真ん中に子どもたちが遊んでいる方が逆に安全かもしれないね。これはすごくいい発想だと思う。

乳幼児たちがキッズスペースで遊んでいる間、母たちは避難所の設営、毛布と物干しざおを用いた簡易タンカの作成、発電機の操作にチャレンジすることができた。はじめは遠目で眺めていた町内会の男性たちも、やがて子どもたちをあやしはじめる姿がみられたという。アドバイザーからは「今回のようにキッズスペースを作り、子どもが遊べることが安心につながります。子どもを遊ばせて、誰かが見てくれればお母さん方も避難所設営・運営の活動ができます。レイアウトを考えながら避難所を設営しましたが、今回の経験を活かせば、授乳場所がない、着替える場所がないといった困ったことを自分たちで解消することができます」（長岡市 2012：28）とのコメントがされている。

通常の防災訓練があらかじめ決められたプログラムに沿って実施するのに対し、このワークショップと訓練は、「参加した人たちの気づき、気づいたことをそのまま形にして訓練」へとつなげていった。その結果、子育て中の母親であっても保護される客体ではなく、主体的に防災に取り組む存在になることができることに気づいたという。

母親たちの感想はどうだろうか。キッズスペースをつくった母親からは、子どもの目線と母親の目線とのちがいへの気づきが寄せられた（長岡市 2012：27）。

　中越地震の時はまだ子どもが生まれていなかったので、大人を中心とした避難生活でしたが、今回子ども目線で考えることができ、子どものためには仕切りのある場所が必要だということがわかりました。ママに関しては授乳など、本人のプライバシーを守る場所が必要だと思いました。

子どもと母親は必ずしも一体ではない。この感想からは、キッズスペースは「子どもが一緒にいると邪魔だから」つくったのではなく、「子どもにとって必要だから」という視点でとらえられていることがわかる。そして、母親自身が支援する側になることへの喜びも見られた。

樋熊：このとき一番感激したのは、いつも避難所を作ってもらって、避難してる時に助けてもらう役に自分がいたのに、やればできるんだ、支援者になれるんですっていった、あのお母さんの声。彼女がこれをいったときここなの、って思いました。

事業に関する報告会でも、主体的に話をする母親の姿が見られた。

樋熊：私たちでこうでしたっていう説明をされて、とてもしっかりした力強い言葉だったの。それが私、何よりうれしかった。声が小さくて、ドキドキしながらではなくて、しっかりお話しされたのね。そうあの力のある言葉。あれはうれしかった。彼女たちちゃんときちっと話して自分の想いも伝えることができて。できるんですよ最初から。だけどやっぱりね、できないように思っている私たちが悪いんで、あぁいう機会ってのはしっかりと会場の中に伝えていくべきだと思いました。

一般に行われている避難訓練では、乳幼児のいる母親は、疑うことなく子どもとひとくくりにされる。その一方で、保護と啓蒙の対象とはされるが、主体となって自らが他者を支援することはまず求められない。さらに、切迫した雰囲気は乳幼児の恐怖心をあおるものになりかねない。

ところが、本ワークショップは、母親自身の発想を尊重し避難所を創るところから始めたことで、キッズスペースが生まれ、子どもたちはそこで安心して遊ぶことができた。このことは、母親がひとりの成人として避難所を創ることを可能にし、「母親である私にもできる」という自信を取り戻したと同時に、乳幼児の遊ぶ権利をも保障したのである。時には自治会の男性たちが子どもをあやす場面もみられた。母が防災の主体となることで、乳幼児もないがしろにされることなく主体として参加することが可能となった。

今後の研究課題

災害時にはジェンダーが強化される。ジェンダーが強化されたまま、子育て支援をしようとすれば、支援そのものが新たな抑圧状況をもたらす危険性がある。中越大震災の教訓からわかることは、災害時のジェンダーの強化は、ジェンダーを学習していた当事者であっても絡めとられてしまうような大きなものであったということだ。だからこそ、そのこと自体を構造的にとらえ、母も父も、女も男も、子どももおとなもそれぞれが災害に対して主体的に動けるようなしくみ――より具体的には学習の場――を日常から作っておくことが求められる。

今回、乳幼児の参加については詳細に触れることができなかったが、長岡市では独自の取り組みが始まっている。子育ての駅ぐんぐん[7]で開催されている「防災とらの巻」である。「防災とらの巻」は、平日日中のぐんぐん利用者を対象とした防災講座であり、対象は主に未就学児童とその保護者である。そのため「子どもたちが動的かつ視覚的に楽しめ、保護者が学べる防災講座」となっている。月1回実施される「防災とらの巻」では、就学前児童の良く知っている歌と踊りに合わせて防災で気をつけることを学んでいる。乳幼児であっても参加可能なプログラムは、楽しさのなかで防災と出会うきっかけとなっており、引き続き注目していきたい。

7　長岡市子育ての駅ぐんぐんは、ながおか市民防災センターの1階に位置し、防災と子育て支援の拠点が同じ建物に位置する全国的にも珍しい取り組みである。2015年4月1日からはNPO法人多世代交流館になニーナが運営を委託されている。

第3章

災害ボランティアのゆらぎと支援者支援

1　序論―求められる災害ボランティアへの支援―

２０１１年３月11日14時46分に発生した東日本大震災とそれに続く福島第一原発事故は、日本社会に大きな影響を与えた。『子ども子育て白書　平成23年版』によれば、被害が大きかった岩手・宮城・福島の３県で収容された死亡者は２０１１年４月11日現在１万３１５４名であり、検視等を終えて年齢が判明しているのは１万１１０８人、そのうち０～９歳は３９１人、10～19歳が３３６人となっている（内閣府 2011：121）。他方、震災で保護者が死亡もしくは行方不明の子どもの数は、あしなが育英会によると１１００人以上、そのうち就学前・小学生が４割を超え、長期的な支援の必要性が浮き彫りとなった（あしなが育英会 2011）。

震災直後から復旧に至る緊急支援期にあっては、国や都道府県・基礎自治体のみならず、数多くのNGO／NPO、市民団体、国際援助団体が支援活動を展開したが、被害の甚大さから専門職がすべてをカバーすることは困難であった。そのため、活動の多くは大学生や若者を中心としたボランティアが担った。

長期的な支援の必要性を鑑みれば、ボランティアであっても一過性ではない継続的なかかわりが求められている。災害ボランティアによる支援の継続性を担保するためには、被災地でのボランティア経験者を支える視点が必要である。しかしながら、災害ボランティアへのケアといえば、「心のケア」に重きが置かれており、それ以外にどのような支援が必要であるのかは明らかにされていない。

そこで、本章では災害ボランティアに対して必要とされる支援の内実を探るために、東日本大震災発生直後に子ども支援ボランティアを行った者を対象として、災害ボランティアの実態についてインタビュー調査を実施した。とくに、支援者をひとりの学習者としてとらえ、社会教育における支援者の力量形成の視点から分析を試みた。以上を通して、災害緊急支援の現場で必要とされる支援者支援を実証的に明らかにし、被災地で奮闘する支援者たちを支えるしくみを模索することが本章の目的である。これによって、子ども支援学、なかでも災害発生時における子ども支援者論の実践的研究をめざす。

2　インタビュー調査の視点と概要

SCJ「こどもひろば」とボランティアの活動

セーブ・ザ・チルドレン（以下、SC）は、1919年に第一次世界大戦後の飢餓から子どもを保護するためにイギリスで設立された国際的子ども支援団体である。セーブ・ザ・チルドレン・ジャパン（以下、SCJ）は1986年に活動を開始し、現在、日本を含む30の独立したパートナーが子どもの権利保障に向けた活動を世界規模で展開している。2011年、内閣府より認可を受け公益社団法人となり、東日本大震災発生に際しては、3月12日より緊急支援を開始した。

SCでは、世界中の紛争・災害緊急支援の現場で「こどもひろば（Child Friendly Space）」を実施している。「こどもひろば」は、被災した子どもたちのために避難所などに設置する安心・安全な空間である。その目的は、①子どもたちが被災前の日常活動で行っていたことを通じ、子どもたちが同年代と交流し、自分を表現することで、子どもらしくいることのできる時間を取り戻し、被災による影響から立ち直るのをサポートすること、②保護者に対して、被災が子どもに与える影響などを情報提供し、また保護者が生活再建に向けた準備や手続きをする時間を確保することである。SCJでは、3月16日より4か月弱、7自治体19か所で「こどもひろば」を実施し、遊びへの参加を通した子どもの権利保障を展開した（表3－1参照）。

表3-1　SCJ「こどもひろば」の実施状況

開設時期	2011年３月16日～８月上旬
開設自治体	宮城県仙台市、石巻市、東松島市、名取市 岩手県山田町、釜石市、陸前高田市の７自治体19カ所
対象	4～14歳くらい
実施時間	午前10:00～11:30もしくは10:30～12:00 午後14:00～16:00　（※約１時間半～２時間）
活動	１．はじめに（自己紹介、ルールづくり） ２．アクティビティ（子どもと相談して実施） ３．おわりに（ふりかえり、日程確認）
運営体制	運営責任者１名＋ボランティア１名

（出所）津田（2011）等より作成。

研究方法と分析の視点

阪神・淡路大震災では、「心のケア」と「ボランティア」という二つの言葉がメディアに登場したが、東日本大震災に際しても、緊急支援における「心のケア」「ボランティア」の二つの重要性が随所で指摘された[1]。

災害時のボランティアに関するガイドラインはインターネット上で容易に手に入れることができる。そのため、ボランティアの多くは、自治体やボランティアセンター、社会福祉協議会などが作成したガイドラインを手に入れたうえで災害支援へ赴いていると考えられる。ガイドラインには、①保険や持ち物など活動を始めるにあたっての注意事項、②被災者への接し方、③ボランティアのストレスケア[2]などが明記されている。その多くは事前研修に対する言及であり、事後の研修についての記載はなく、ボランティアのケアは主として精神的なものに限られており（安部・竹内 2011）、「セルフケア」という形でその重要性が認識されてきた（廣江・山内 2005：358-361）。

災害時のボランティアといっても、がれきの撤去、炊き出し、傾聴、ボランティアのコーディネートなど多岐にわたる。いずれも、何らかの形で人とのかかわりがあることを考えれば、災害ボランティアは対人支援の現場でもある。

1　「心のケア」に関しては、文部科学省『子どもの心のケアのために―PTSDの理解と予防―』（２００６年３月）、社団法人日本小児科医会『もしものときに…子どもの心のケアのために』（２００７年３月）などが東日本大震災後にも活用された。「ボランティア」については、２０１１年４月１日に文部科学副大臣鈴木寛によって「東北地方太平洋沖地震に伴う学生のボランティア活動について（通知）」が出され、ボランティア活動のための修学上の配慮を全国の大学に求めるなど、災害復興に向けた支援の担い手としてボランティアが期待されている。

2　ボランティアのストレスケアに関してしばしば言及されるのは惨事ストレスである。「大災害が発生した場合、被災者だけでなく、災害救援者も大きなストレス（惨事ストレス）に曝される」ものの、惨事ストレスそのものは「異常事態に対する正常な反応」である。災害救援者とは主として、捜索や遺体の搬送、死体検案に当たる消防や警察、自衛隊、医師、歯科医師、看護師等を指す。行方不明者の捜索が難航し長期化する今回の震災では、災害救援者のメンタルヘルスを懸念する声は多いが、「医師にメンタルヘルスケアは必要ないのではないか」という意見もあり、研究が待たれる（井上 2011：12-13）。これらの専門職ではなくとも同様の状況に遭遇したボランティアは少なくないと思われるが、具体的にどのようなメンタルヘルスケアが必要なのかはここでは論じない。

対人支援の現場で支援者が直面する動揺や葛藤、不安等を総称して「ゆらぎ」という。「ゆらぎ」は動揺や混乱をもたらす危機的状況でもあるが、「変化・成長・再生」の契機ともなりうる（尾崎 1999：19）。「ゆらぎ」は心のケアでは解消されないが、現場を有する支援者は「ゆらぎ」に向き合うことで、「ゆらがない力」としての現場の力を獲得することが可能となる（尾崎 2002-2003：382-385）。

ゆらぎに向き合うとは、具体的には実践の省察を意味する。そこで本章では、ボランティア経験者へのインタビューを通して実践の省察を促し、「ゆらぎ」に着目して災害ボランティアの実態と必要とされる支援を検討する。[3]

インタビュー調査の概要

調査は、子ども支援ボランティアの実態を明らかにすることを通して、災害時の子ども支援ボランティアに求められる専門性の内実と必要とされる支援を明らかにすることを目的として20

3 ボランティアは必ずしも専門家ではない。対人援助の現場ではボランティアであっても「ゆらぎ」が生じうるし、「ゆらぎ」に向き合うことで現場の力を獲得しうる。これに関しては、社会福祉実習教育における学生の「ゆらぎ」と現場の力を論じた湯澤直美（２００２）「社会福祉実習教育における現場の力―「普通」「常識」を問い返す磁場と学生の変容―」などを参照。

表3-2　インフォーマントの属性

インフォーマント	インタビュー実施日	期間	地域
豊福（３月卒業生）	2011年４月12日、８月１日	3/29-終了まで	釜石市
加藤（３年生）	2011年４月15日、５月24日	3/29-4/9	山田町
上野（４年生）	2011年４月22日	4/6-4/16	陸前高田市
森本（４年生）	2011年５月23日	4/6-5/8	山田町、陸前高田市
清水（３月卒業生）	2011年５月24日	4/28-終了まで	岩手県内３地域

１１年４〜８月に実施した。対象はＳＣＪが岩手県に開設したこどもひろば運営責任者ボランティアを経験した学生（２０１１年３月時点）であり、インフォーマントは、豊福、加藤、上野、森本、清水（いずれも仮名）の計５名である。

調査は、半構造化インタビューで実施し「ゆらぎ」を感じているポイントを中心として定性的コーディングを行った。豊福（４月12日）、加藤（４月15日）、上野（４月22日）は調査者と一対一でインタビューを実施した。加藤と清水は５月24日にグループインタビューを、森本は５月23日にその友人とのグループインタビューを実施した。豊福の２回目（８月１日）のみ調査者が２名であった。

インタビューにあたっては、開始前に調査の趣旨および使途を説明して調査協力の書面を交わした。内容はインフォーマントの許可を得てＩＣレコーダーに録音し、時間はいずれも１‐２時間である。終了後、文字化したものを各インフォーマントに確認してもらった。固有名詞は市町村名をのぞいてすべて伏せ、明らかに個人が特定される可能性がある場合は記述を抽象化した。調査項目は、「活動」「子どもの変化」「被災経験をめぐって」「支援者のゆらぎ」「子ども支援にあたって一番重要だと思うこと」の5項目であるが、本研究では、とくに支援者に焦点を当てて分析を行った。

3　被災地における子ども支援ボランティアの実態

こどもひろばにおける活動

こどもひろば運営責任者ボランティアは、被災地域に到着したのちに1日かけて研修をうける。その後、多くの場合はもう1名の運営責任者とペアを組み、実践をしながらこどもひろばでの動きを学んでいく。数日後には引き継ぎが終わり、運営責任者としてひとり立ちすることになる。

運営責任者といってもボランティアがイニシアチブをとって活動を展開するわけではない。こどもひろばが始まるときには毎回子どもたちと一緒にルールをつくる。

ルールって言うのはたとえば、外が使えるところだったら、支援物資の配給だったりしておとなの人が集まっているところは近づかないようにしようとか。どこまでいっていいのかとか。山のほうにはいかないとか。ボール、部屋のなかでしかできないと転がすのはいいけど投げるのはいけないとか。やる前に周りを散らかっているから片付けようとか。ルールについてはみんなでつくって、確認して。(上野)

そのルールづくりを促して、「避難所ごとの子どものようすにあわせてやっていく」のが自分のしごとだと、上野は述べる。とはいえ、こどもひろば開設当初から子どもがイニシアチブをとっていたわけではない。

子どもの変化

加藤は3月末にはトレーニングを終え、こどもひろばの運営責任者として活動を開始した。こどもひろばでは、具体的な内容は子どもと運営責任者が相談して決める。そのため「SCJに決まったプログラムは存在しない」(加藤)。しかし、こどもひろばで活動を始めた当初、加藤はどんな遊びをしたいかを子どもに問うても、「意見をまとめることができなかった」ほど、バラバラな答えが返ってきたという。

最初は意見をまとめることができなかった。なにやりたい?っていったら10人が10人違う意見だった。(加藤)

そして、子どもたちは「みんなおもちゃに夢中。新しい最新のおもちゃにすごい夢中」（加藤）になったと述べる。なかには流されてしまった自分のおもちゃと同じものを見つけて喜ぶ子どもの姿もあった。しかし、1週間くらいすると変化が見られた。

1週間くらいしたらあきてきたのか、好き勝手やることよりもみんなでなにかやりたいっていう方向性になって。もちろん好き勝手やりたい子もいるだろうけど。ちょっとずつ。さっきいった大根抜きも2歳の子もはいっていて。ちゃんと2歳の子ができるように。（加藤）

最初はてんでバラバラにおもちゃに夢中だった子どもたちが、1週間するとみんなでなにかをやりたいと変化してくる。子どもたちが発案した「大根抜き」もみんなでやる遊びの一つである。

身体遊びのゲーム。大根抜きっていう遊びがあってみんなでうつぶせになって腕組んで、鬼が大根を抜いていって抜かれたら鬼になる。『○○ひっぱるぞ！』って。おとなのスタッフがまじっているから子どもひとりじゃ抜けないわけですよ。じゃあ、どうするってみんなで。男の子が女の子と手を組んだり、女の子が男の子をひきずりおろしたり。みんなで男の子をだしたり。おもちゃはいらないし、コミュニケーション力が使われるから。足首持たずにズボンひっぱる子いるし。もう、大爆笑。（加藤）

みんなでやる「大根抜き」を契機に、子どもたちのなかにあった「変な枠」が取り払われたという。子どもたちの変化は、ほかのボランティアからも聞かれた。

最初はぼくが用意してきたプログラムを一緒に遊ぶだけだったんだけど、いまは子どもたちが30分前にやってきて、今日の遊びを一緒に考えたりして、ぼくが本当に最初の『おはようございます』っていう挨拶だけやって、あとはみんなお願いします、みたいな感じで進めているので、こどもひろばを子どもたちがぼくといっしょにつくっていっているんだなというのが変化した点です。(豊福)

被災体験を語ること、聴くこと

被災体験をめぐるできごとは、災害時のボランティアにとって切り離せないものである。子どもと支援者との関係性が深まってくるにつれて、被災体験をめぐる語りも生じてくる。L保育園で活動をした森本は、当初、子どもたちが「また(支援の人間が)来たか」という認識で、受け入れてくれてはいるが距離があるように感じた。しかし、「毎日行くに連れて、距離が縮まって」きたことにより、子どもたちに変化が見られたという。

最初の頃は震災の話とか聴く機会とかなかったんですけど、1週間過ぎくらいから遊んでいるなかで話、そういう話を聴く機会が増えてきたような気がします。遊び方もいろいろ最初と変わっていったなかで、遊ぶ機会が増えていったということもあるんでしょうけど、実際対峙して話をする機会が増えて。保育園のときは5歳くらいの子と小3くらいの子がとくに話していたかな。津波の話。（森本）

時間の経過とともに現れたのは、被災の体験とともに地震ごっこ、津波ごっこであった。

途中からジョイントマットといって家をつくって、それを1週間くらいのところで取り入れておうち作りをしたりして、そのおうちづくりっていつもつくるのはいいんですけど、家を壊すときに、地震ごっこ、津波ごっこが必ずといっていいほど付随する。子どもたちが「地震だ！地震だ！」、「津波だ！津波だ！」っていいながら壊していく。それにともなってそういう話もどんどんでてきて。（森本）

遊びを通して子どもたちが日常を取り戻すなかで、地震ごっこ、津波ごっこをし、そして被災体験を語る。このことは、支援者にとっては被災体験を受けとめ、聴くことにほかならない。心のケアの専門家ではないボランティアにとって、「身構えることもなく」「聴くしかない」というのは清水である。

今ここでぼくができることが何かなっていったら〝日常に戻す〟こと（略）。子どもが自分の被災体験を語るときには、語らせればいいのかな。必要以上に訊く必要はないし、必要以上にそんなの言うなっていうことでもないし。（略）（被災体験がでたときに）ふつうに聴くしかない。身構えることもなく、かといって笑い飛ばすこともなく、聴くしかない。それに対して質問もしなければ。しゃべりたければしゃべればいいし、しゃべりたくなければしゃべらなければいい。（清水）

だが、受け止めることは存外に難しい。

（時間が経過するに従って被災の話がでてくることに関して）いつも普通に遊んでいるような子たちが「地震だ！地震だ！」って言い始めて。それまで想像はしていたんですけど、なんだか衝撃が全然ちがって。子どもだけどもちろん当事者じゃないですか、地震のときに現場にいた。そういう子たちから話を聞かされて、なんですかね、最初は、自分がそれを聞いても表に出しちゃいけないじゃないですか。もちろんしっかり聞くけど、それを自分のなかにとどめておくのが結構しんどかった。（森本）

支援者の葛藤

子どもたちの被災経験を聴き、衝撃をうけるなかで、自分自身の支援者としての姿勢をとらえ直していったのは森本である。

保育園でジョイントマットを最初に持って行きおうちづくりをして、みんなでわーわー言いながらうちを壊したとき、5歳の女の子がひとりで、「いま、私たちが生きているのは奇跡なんだよ」って言うのを語りかけるような口調で言っているのを聞いて、みんなもそれに聴き入るような感じのとき、もうひとりの（ボランティアの）女性と「うんうん、そうだね」って聴いているしかなくて。なんか、正解はないじゃないですか。（略）その場にいて衝撃を受けたことのひとつではありました。（森本）

4月6日に岩手県に到着した森本にとって、大きな出来事は4月11日に起こった。4月11日14時46分、わけがわからないままにサイレンが鳴り響く。周りのおとなたちが黙祷するのを見て、「何があったの？」と問いかける子どもたちに「1か月たったんだよ」と語りかけると、なんともいえない表情で子どもたちも黙祷する。これを目にした森本は言う。

おれは地震のときに日本にはいなくて体験していないんですよ。地震を映像では見ていましたけど、もちろん行ってすごい被災地の状況を見て複雑な気持ちにはなっていますけど、その場にいる人の地震に対する感情をそれまであまり感じなかったんです。けれど、そのときにはじめて強くあっちにいる人たちの地震に対する感情であったり、今回の震災を直接的に感じるようになって。そのときの子どもたちが、それまでキャッキャッ遊んでいた子どもたちが、急にそんな表情になるなんて考えられませんでしたし、そのときはもう何も。涙をこらえるのが大変だったという記憶があります。（森本）

当初、被災のことを子どもから聴かされ、「もちろんしっかり聴くけれど、それを自分のなかにとどめておくのが結構しんどかった」という森本は、4月11日を境にして「何か考えが変わりました、きっと」という。森本は、幼いけれど確かに当事者である子どもたちを前にし、大きな衝撃をうけたものの、だからといって自分が戸惑ってばかりもいられない、もっと自分も全力で遊ぼう、と思うに至った。

それまでは、子どもたちに安心して遊べる、というか全力で遊べる空間を作ってあげたい、作って〝あげる〟ってなんかおかしいけど、〝一緒につくる〟っていう感じで。彼らが全力で遊べるような空間ができたらなって思ったんですけどそれだけじゃなくて。そこにいる子たち、それまで子どもたちが元気に遊んでいても内面に何があるかというのは感じる機会がなかったんですけど。でもやっぱり実際に震災のときにすごい経験をしていて、複雑な感情をもっていてというのを感じて。なんだろう、もっとこっちも全力で遊ぼうかなって。そういうことを知ることも重要ですし、知らないとだけど、それを気にしてこっちが戸惑ってせっかく前に向こうとしている子どもたちに、こっちが言ってそのことを想起させてまた戻しちゃうということになってしまっては申し訳ないなと。（森本）

インフォーマントたちにとって、こどもひろばを閉める、あるいはボランティアを終える日にどうふるまうかには、大きな葛藤をともなう。上野は、最後の日の子どもたちのようすをこう語る。

子どもたちがみんなでぼくに「来ないで、来ないで」っていうので。何作ってくれてるのかなーと思ったら、折り紙で花を作ってべたべた紙に貼っていて。寄せ書きみたいなのをしてくれたりして。その場にいなくて避難所のほうの体育館にいる子にも聞いて回ってくれて、書いてくれたりしてくれたのは、うれしくて。ただ泣いて別れちゃうと向こうもつらいので最後は笑ってお別れしなきゃいけないので耐えたんですけど。（上野）

一方、豊福は「クローズのときに泣いた」経験を有する。豊福が泣いたことをめぐっては、活動に入り込みすぎているのではないかと、ボランティア仲間で議論になった。豊福は3月からボランティアを開始したこともあり、当初、自分の支援について客観視できていなかったようである。

とくに自分であまり意識していなくて「眠れなかった」というのをあとから再認識して「あぁ自分は大変だったんだな」と。（豊福）

後から考えて「自分は大変だった」という豊福だけでなく、災害時のボランティアは自分を犠牲にしてでも何か役に立つことをしたいと考えがちである。ボランティア開始から4カ月たったのちのインタビューで、豊福は「休むこと」の重要性に気づいたという。

社会人としては当たり前のことなんでしょうけど、休むことは仕事のうちかな。（豊福）

ボランティアは自己犠牲ではないというのは上野である。4月初めに被災地域に到着した上野は、日曜の夜もミーティングをするメンバーに驚いたという。

ぼくがいたときはかなり自己犠牲に走る傾向が見られちゃっていたのかなぁ。ぼくら自身が元気で笑顔じゃないと、子どもたちも笑顔になれないと思うので、適度に最低週1くらいは、リフレッシュをする期間があるといいなぁと。（上野）

その後、ＳＣＪ全体で必ず週休をつくることになったが、豊福は上野と同じように、緊急援助の時期において支援者が休めるかどうかは、支援の質に影響すると考えるに至った。

こういうふうに働くことはつまるところ子どもの最善の利益につながる。やっぱり人間として休まないとどうしても仕事の質が落ちるということを考えると、やりたいという思いとは別にひとりの支援者としてその仕事を受け持つことはどうなのか、というのをすごく考えてしまって。（豊福）

そして、４月のクロージングで泣いた自分と対比しながら、「一歩引いてじゃないですけど、ひとりの支援者として考えることはこういうことなのかな」と、支援のあり方をとらえ直している。

ふりかえりの意義

活動を通して一番困ったことについて「余震が来ること」と答えたのは加藤と上野であった。震災後すぐは、その日の宿を見つけるのも大変な状況であった。そこに、次から次へと問題が浮上する。こどもひろばの活動中に、大きな余震が起こった場合の対処をどうするのか。重要な問題ではあるものの、その問題に気づかないほどめまぐるしく日々が過ぎていく状況のなかで、課題を見つけ出し、改善していく契機となるのは「ふりかえり」の時間であった。

SCJのいいところは今日困ったことはありますかって訊かれること。結構フィードバックを全体の場でみんながすること。(加藤)

ボランティアにとって、「心のケアというよりは活動をふりかえる時間がすごく大切」だと指摘するのは豊福である。

心のケアというよりは自分で自分の活動をふりかえる時間がすごく大切なのかな。というのは、心のケアというとおおげさですし、カウンセラーが来てとか、じゃなくて、個々の自分の活動をふりかえられる時間を1週間に1度でももつことが大切なのかな、と。あとぼくの上長にあたる方が、1週間に1回くらい10分ふりかえりミーティングを個人ごとにやるんですよ。それで思っていることとかシェアできるのが重要なのかな。(豊福)

ふりかえりによって、支援に対する考え方に変化が生まれたのは森本である。

一緒に行った方が、ずっと子ども支援に関わっている方で。こどもひろばでは自分の無力さというか未熟さを痛感させられてばかりだったんですけど、その人が言ったことを毎回書いていていてそれを読むようにしていて。ふつうにあたりまえのことですけど、聞くたびに

書いて。自分が思ったのが、遊んでいて斜め上から俯瞰する視点も必要だったなぁって。ふりかえることとか。（森本）

毎日ふりかえりのミーティングがあるんですけど、そのミーティングで気づいた点とか気になった点とかを言っていくんです。楽しませるというのを目標にするのはいいんですけど、そのほかの子どもたちのこと、ふりかえりのときとかに出すべき情報がほとんど残っていないなって気づいて。鬼ごっこだったら鬼ごっこで俺たぶん一番目か二番目くらいに全力で楽しんでいて。そこの場にいる子たちのなかでちょっと気になる子だったり、元気がない子がいたらもちろんそういうのには気づけるんですけど、それをその場で対処してあとで出て来ないっていう。俺、他の人が話しているときに何も持っていないなぁって。他の人は結構違って、なんていうか、一歩引くじゃないけど、遊びながらもいろいろ後に残そうって思ってやっていたんじゃないかなって。（森本）

ふりかえりをすることで支援を「俯瞰」し、「一歩引く」ことで見えてくるものがあると述べる森本に豊福も同意する。

ふりかえりの意味は重要かな、と。（略）ふりかえりをすることで、自分だけの視点に陥らないっていうか、ある何かの活動をするときにもさまざまな見方があるのでそのうえでセーブ・ザ・チルドレン・ジャパンとしては、あるいは子どもたちにとってはどの方向で進めるのが一番いいのかを考えることができるかな。（豊福）

子ども支援ボランティアにとってこの気づきは大きい。これは、自分が良かれと思ってする支援ではなく、「子どもにとって一番いいことは何か」を問う視点を獲得したことを意味する。換言すれば、国連子どもの権利条約の基本的理念である「子どもの最善の利益」から、ボランティア自身が支援をとらえ直したことを意味している。

4　結論―「ゆらぎ」へのケアと今後の課題―

ボランティアのケアとしての省察・学習の組織化

本調査からは、子どもが遊びを通して主体的に回復していくありようと、災害ボランティアが子どもと向き合うなかでさまざまな「ゆらぎ」に直面していることが明らかになった。その「ゆらぎ」は、活動の「ふりかえり」を通して意識化され、自らの支援をとらえ直すきっかけへと転化し、支援の質へも影響を及ぼしていった。だが、緊急支援の現場では、支援者の心のケアの重要性は認識されていても、「ゆらぎ」への対応がなされることは稀である。

緊急支援期には、同時進行でさまざまなことがなされていく。たとえば余震が来たときにどう対応するかなど重要な課題に気づき具体策を講じていく場は、SCJのケースでは毎日の「ふりかえりミーティング」を契機としていた。そして、「自分だけの視点に陥らない」子どもの最善の利益を保障する支援を考えていくうえでも「ふりかえり」が重要であった。緊急支援の現場で求められる「ふりかえり」とはどのようなものであろうか。

子ども支援の長期化を鑑みれば、ボランティアの継続性は大きな課題である。松岡によれば、「ボランティアの参加者が、その場を意義あるものとして認識することこそ、参加の継続性を生み、学習の効果を高める」ことにつながる（松岡 2010-2011：170-171）。そのため、学習の意識化を促進する要素として①事前の「構えづくり」（motivation）と②事後の「ふりかえり」（reflection）がボランティア学習を成立させる必須条件となる（松岡 2010-2011：172-173）。

両者に関して松岡は、研究的にも整理されているとは言い難いものの、学習者中心の意識化の重要性を指摘し「教師や指導者が学習者の方向・内容を誘導するのではなく、学習者との交流・対話を通して、そうした意識化の条件が明らかになっていく」と述べる（松岡 2010-2011：174）。

教師や指導者が学習者の方向・内容を誘導するのではない意識化、それは、ボランティア同士による実践の省察から生まれてくる。だが、実践の省察からは「ゆらぎ」が生じる。「ゆらぎ」は放っておくと、支援者のバーンアウトや子どもの権利侵害をもたらす危険性があるが、うまく

「ゆらぐ」ことができれば、支援者自身の支援の課題を設定することが可能となる。

とはいえ、「ゆらぐ」ことは難しい。普段「支援者」として子どもを支える立場にある者が自分の支援を省みてゆらいでいる姿をさらけ出すのは容易なことではない。「支援者はゆらいではならない」と思い込んでいる者も少なくない。そこで、安心してゆらぐ場が必要となる。

ボランティアが安心してゆらぐことのできる場をつくっていくこと、すなわち実践の省察と学習の組織化が、緊急援助期における支援者支援の社会教育的視点からの課題の一つであるといえる。

今後の研究に向けて

緊急援助の時期を過ぎ、長期化が予想される復興においては、継続的な支援者のかかわりが求められる。被災地で奮闘する支援者の多くは専門家ではないボランティアであり、また専門家であるとしても手探りでの支援を続けてきた。支援者が感じる「ゆらぎ」は放置しておくと支援そのものに向き合うことを辛くする。

本章では、支援者支援を明らかにすることを目的とした。災害時における子ども支援の専門性の内実、とくに子どもが復興の主体となるような支援の専門性については、7章で論じる。

column

底上げの挑戦

気仙沼復興支援活動のスタート

ＮＰＯ法人「底上げ」は、早稲田大学文化構想学部出身の矢部寛明[i]（２０１１年３月卒業生）が仲間とともに立ち上げた、復興支援団体である。２０１６年３月現在、宮城県気仙沼市・南三陸町を中心に、学習コミュニティ支援などに携わっている。

気仙沼のホテル望洋は、早稲田大学在学中の２００８年、矢部が洞爺湖サミットに向けママチャリで東京から北海道へ向かう途中にお世話になった思い出深い場所であった。２０１１年３月11日、震災後すぐに気仙沼に電話をしたものの一向に通じない。何度もかけて、ようやく電話がつながった３月18日、ホテルの女将から「何もかもすべて流された。今は大変なので来ない方がいい」と言われたという。それでも矢部は気仙沼へ向かい、山形経由でガソリンなど支援物資をもってようやくたどり着いたのは３月23日のことだった。そのころ、ホテル望洋は、臨時の避難所となっており、女将たちを手伝うなかで気仙沼の支援活動が始まっていった。

i　矢部さんへのインタビューは、２０１４年９月10日（水）10－12時に実施した。

学習コミュニティ支援のはじまり

ホテル望洋は、臨時の避難所としての役割を終えた2011年4月頃、気仙沼市より「ホテル業を再開してほしい」との依頼を受けた。復興に携わる人々の宿泊施設が圧倒的に不足していたためである。とはいえ、人手がオーナー夫妻と息子のみという状況のなかで、矢部らは自然とカウンター業務、布団のあげおろしなどを手伝うようになった。夏が来るころになると、パートの従業員が入ってきたことで、矢部らの活動もようやく落ち着いてきた。

ちょうどそのころ、子どもたちは学校の夏休みが始まり、一つの課題が浮上していた。気仙沼市は中学校13校中11校で校庭に仮設住宅が建っており、みなし仮設住宅を合わせると全体の約2割にあたる1300人が仮設住宅で暮らしていた。仮設住宅はひとりひとりのプライバシーの確保が難しく、居住空間自体が狭くそのため勉強机すらも置けない状況であった。これは、子どもたちの周りに学習できる環境がないことを意味していた。

そこで始めたのが「底上げ」による学習コミュニティ支援であった。学習コミュニティ支援とは、放課後に子どもたちが自発的に集まり、学習をしたり、子ども同士または子どもと大学生などのボランティアが交流したりできる環境づくりである。現在、鹿折地区コミュニティスペース「サライ」(水・金)、五右衛門ケ原野球場仮設住宅集会所(月・木)などで週に2回ずつ実施している。底上げからはインターンが2名(東京大学学生、近畿大学学生)と、小中学生が10-20人ほど参加している。インターンのほかに、早稲田大学をはじめとした大学生のボランティアが中短期で勉強を教えたりしている。

子ども会議

「底上げ」は、2012年5月にはNPO法人となり、2012年11月には鹿折中学校の職場体験の受け入れを実施するなど学校との連携も深めてきた。

仮設住宅に隣接しているため、暮らしている方々との交流も生まれている。2013年1月にはサライにて「底上げ」主催の餅つき大会を、学習コミュニティ支援に参加している子どもやその保護者、地元の方の協力も得て実施した。

そのようななかから、子どもの自発的な動きがでてきた。子ども会議である。

「まちのために自分たちも何かしたい」「子どもの声をもっとまちづくりに反映させてほしい」「若者にとって魅力のあるまちづくりをしたい」――そんな子どもたちの思いを受け、2012年10月に発足したのが子ども会議である。初回は、「観光」をテーマに2グループを作って話し合い、自分たちの知っている観光スポットを共有した。その後、高校生目線からの気仙沼を発信している。たとえば、2012年12月には、東京都田園調布雙葉女子高等学校・兵庫県灘中学高等学校の生徒への町案内を高校生自身が実施した。

このような会議を月2回実施するなかで、地元の子どもたちが大学生になってつくった自初的な団体「底上げ Young」や、高校生による「底上げ Youth」が主体的な活動を展開しはじめた。

底上げ Youth

底上げ Youth は、子ども会議の活動を行っていた7人の高校生が中心となり2013年1月から活動を開始した団体である。

2013年3月、底上げ Youth は、気仙沼出身の歌人落合直文に注目し、〈「恋人」発祥の地、煙雲館〉の紹介リーフレットをラブストーリー仕立てにして制作、観光協会などで配布した。また、高校生たちが企画した『恋人ツアー』はNHKをはじめとする全国メディアにも広く取り上げられた。現在では、メンバーも30人となり活動の幅を広げている。

これらの活動が評価され、2013年12月、地域の課題解決に取り組む高校生が参加して行われた「全国高校生 MY PROJECT AWARD2013」では、総合1位、高校生特別賞を受賞している。

底上げ Youth の三浦亜美は「私が底上げと関わるようになってから、子どもでも意見を言えることを知りました。私が生まれ育った気仙沼。しかし私はどこか気仙沼に不満を抱いていました」という。しかし底上げと出会うなかで「私も町の一員として声を上げていいのだと実感できました」「私は子ども会議を通して、より気仙沼が大好きになりました」と語る。[ii] 矢部によれば、三浦のように「気仙沼がきらいだったけど、活動を通して気仙沼が好きになった」と変化していく子は少なくないという。

底上げは今日も、動き出そうとする子ども、若者を支えている。

ii 『NPO法人底上げ年間活動報告書 2013年4月～2014年3月』18頁

第4章

災害復興と〝女の子〟支援

1　序論―女の子の服がないことは何を意味するのか―

東日本大震災発生後の2011年4月、教え子が宮城県沿岸部にある中学校に着任した。着任先の中学校体育館は避難所になっており、その運営も手伝っているという。校庭には仮設住宅が立ち並ぶことになり先行き不透明ななか、始業式は4月21日、入学式は22日に決まったという。

何か必要なものはないかと尋ねたところ「部活の道具が流されてしまったので、道具を送ってほしい」とのことであった。「とくに、ジャージがほしいという生徒からの要望が多い。男物は結構あるが、中学生女子の着ることのできるサイズがなかなかない」という。

そこで始業式に間に合うよう、140、150、160サイズの新品のジャージを10着分送った。5月には、早稲田大学文学学術院教育学コースを中心に呼びかけて、女子中学生が着ることのできる新品の服、靴下、バッグなどを送った。ブラは中学生にあいそうなカップをいくつか取り揃え、きれいにラッピングしてもらった。

2011年4月から5月の出来事である。十分とはいえなくとも、全国からたくさんの「支援物資」が届いた時期であった。しかし、服は成人の男性用か女性用もしくは幼い子どものものが多かった。支援物資の仕分けは大変な作業である。そのため、女の子用の服が届いていても仕分けができておらず、必要とする人のもとに届いていなかったということももちろん考えられる。また、中高生くらいの女の子の服は、単に成人女性のものを小さくすればいいというものでもない。中高生世代の女の子が着ることのできるサイズや色あい、デザインのものはほとんどなかったようである。「着たい」と思えるようなものはなおさらなかっただろう。

「女の子[1]の服がない」ということは、何を意味するのだろうか。この問いに答えるためには、まず災害において女の子がどのような存在であるのかを明らかにする必要がある。

---

1 ここでは、主として中高生世代の女性を「女の子」としたが、女性をめぐる震災の課題については、世代やセクシュアリティによってその様相が異なる。本章では十分語ることができなかったため、そのほかの世代の女性支援に関しては、村田晶子編著『復興に女性たちの声を「3・11」とジェンダー』（2012）や日本弁護士連合会編『災害復興』（2012）を、セクシュアル・マイノリティと若い世代についてはみやぎの女性支援を記録する会編著『女たちが動く』（2012）を参照されたい。

2　女の子とはどのような存在か

災害弱者とは誰か

災害弱者という言葉が初めて公的に使われたのは、1986年に出された『昭和61年版　防災白書』であった。災害弱者は人口の22％にあたる2700万人に達すると推計され、「今後国際化、高齢化が進むにつれて外国人や老人の数は増加し、「災害弱者」の数もますます増加していくものと思われる」ことから、「地方自治体や町内会等の地域レベルに応じたきめの細かい対策が必要である」とされた（田中 2008：136）。

その後2006年には「災害時要援護者」という言葉が登場する。内閣府・総務省消防庁・厚生労働省がとりまとめた「災害時要援護者の避難支援ガイドライン」（災害時要援護者の避難対策に関する検討会，2006年）では、災害時要援護者を「必要な情報を迅速かつ的確に把握し、災害から自らを守るために安全な場所に避難するなどの災害時の一連の行動をとるのに支援を要する人々」とし、「一般的に高齢者、障害者、外国人、乳幼児、妊婦等」を挙げている。この後、災害時要援護者という言葉は、災害行政において用いられるようになった。

女性は災害弱者か

災害弱者を女性という視点で考察したのは山地久美子である。山地は、「福祉分野において女性は社会的弱者と定義されている。福祉分野における社会的弱者とは、低所得・性別（女性）・法律的・文化的差別（国籍や人種）・少数派（マイノリティ）・アクセスビリティ・情報弱者など」であることを踏まえて、女性は「社会的弱者ではあるけれども災害弱者ではない」とする。さらに「防災・災害復興分野において女性は「市民」ではない」（山地 2009：47）と指摘した。すなわち、防災・災害復興分野において市民とは「成人・男子・健常者」（林 1996）であり、「男性が中心となった防災対策においては意図せずしても「成人・男子・健常者」を想定して計画」されているため、そこに当てはまらない人々を「災害弱者」と呼んだのだと山地は述べる。しかし、「女性は災害弱者にも含まれていない。それゆえ、２００５年７月に防災基本計画に「女性の参画・男女双方の視点」が明記されるまで防災・災害復興において女性はどこにも存在しなかったということになる」のである（山地 2009：47）。

女の子はどうか

さて、「成人・男子・健常者」の視点で防災・災害復興分野が構築されてきたことを踏まえると、女の子とはどのような存在だと考えられるだろうか。

東日本大震災後の避難所のようすをみてみよう。仙台市の中学校教師大木は、中高生こそが頼りになる存在であったという。「体育館のトイレまでプールの水を運び、交代しながら、夜通し懐中電灯で足下を照らし、消毒液を掛け、トイレの床を掃除してくれた。炊き出しのための水を運んだり、燃料とするために古い渡り板を解体するのも彼らの力なしにはできなかった。（略）集まった保護者からも口々に、自発的に買い出しに並んでくれた、家族の分の食事を準備してくれた、親とともに炊き出しや瓦礫の撤去のボランティアをしてくれた、などと子どもたちに助けられたという話を聞かされた。」という（大木 2012：16）。このように、避難所では多くの子どもたちが活躍した。新聞やテレビのニュースを通じても、避難所で活躍する中高生の女の子たちの様子は容易にみることができた。

先に山地は、２００５年まで防災・災害復興において女性はどこにも存在しなかったと述べたが、子どもは未だに存在しない。避難所をはじめとして多くの場で子どもたちが活躍したにもかかわらず、災害復興分野においては、子どもの意見は聴かれることはなく、経験や考えが計画に反映することもない。

女の子は、女性であると同時に子どもでもある。これは二重の意味で災害復興分野における「市民」から遠ざかっていることを意味する。翻って考えれば、女の子の声が届くような災害復興は、セクシュアル・マイノリティや障碍のある子どもの権利を尊重する災害復興の第一歩になるのではないか。そこで次に、身近で具体的な支援物資をめぐって女の子をどのように元気づけていけるか考えたい。

3　支援物資のもつ意味

支援物資は単なる物か

相川は、災害と女性を考えるとき、「避難所に粉ミルクと紙おむつと生理用ナプキンを置いたらそれで「対策済み」となり、男女共同参画に発展しないと指摘する（相川 2010：17）。

支援物資はまず、生活していくための必需品である。しかし、物資の必要性は、時期によって変化する。ニーズの変化について阪神・淡路大震災と中越大地震をもとに調査を行った仲谷善雄と橘亜紀子によれば、災害直後は水や食料など生存のために必要な物資が、1週間目以降はより生活しやすい環境のための物資が、1か月後になるとプライバシーにかかわる物資が求められるようになるという（仲谷・橘 2007：47-48）。

支援物資はまた、それがあることで人を元気づけたり、勇気づけたりすることもある。被災した子どもたちがアンパンマンの絵本を読んだり、歌を聞いたりして笑顔を取り戻していったという話はよく耳にする。

一方で、支援物資がジェンダーを強化する作用を果たすこともありうる。避難所にトランスジェンダーの子どもがいた場合、生物学的な性で判断されて「男の子らしい」「女の子らしい」物資を割り当てられたかもしれない。あるいは、炊き出しは女の子、重い荷物を運ぶのは男の子、

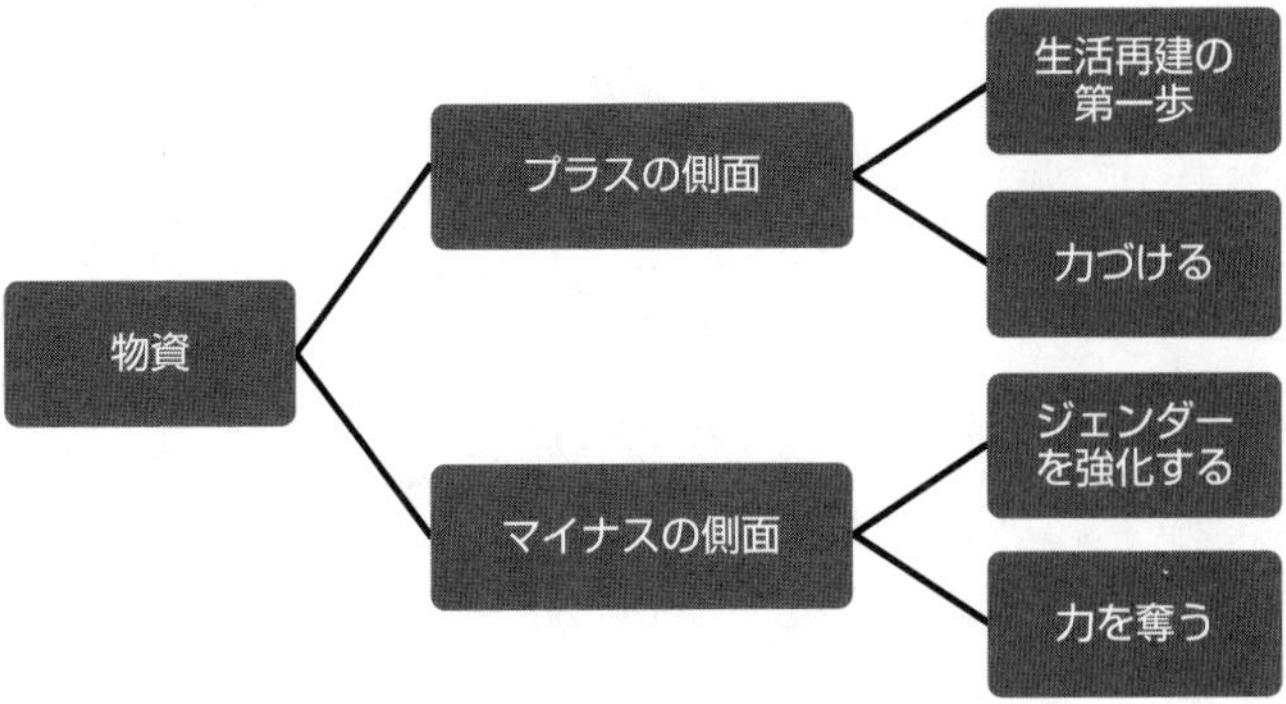

図4-1　支援物資のプラスの側面・マイナスの側面

というように、運営者の考える「あるべき社会規範」が押しつけられることがあったかもしれない。

支援物資が力を奪うこともある。もりおか女性センター長田端八重子によれば、岩手県では「生理用品は5月下旬には大量に届けられ、避難所の女性トイレに置かれていたが、生理用ショーツはなかった」という。7月下旬になって学校の教員から「中学生、高校生の女子生徒用に生理用ショーツを400枚届けてほしい」という依頼があり、多様なサイズの物を届けたという。これを受けて、田端は、思春期女児への配慮の必要性を指摘する（内閣府 2012：24）。山積みにされた生理用品と、数の足りない生理用ショーツを前にして、女の子たちは戸惑っただろう。とはいえ、避難所の運営者は多くが男性である。「生理用のショーツをください」とは言いだしにくかっただろう。このことは、教員からの依頼が、生理用品が届いて2か月も後になってからであったことに表れている。2か月も我慢を強いられた女の子たちは、恥ずかしさや情けなさで辛い思いをしたのではないだろうか。

支援物資ではなくプレゼントを

どのような支援物資が送られてきたか、だけでなく、誰がそれを仕分けし、配布するのか。そして、その人にとっての必需品を誰が決めるのかによって、支援物資がくらしを立て直す糧となるのか、あるいは尊厳を奪うのかの岐路に立たされるのではないか。

MDGガールズプロジェクトは、「〝支援物資〟じゃない〝プレゼント〟を」をキャッチフレーズに、被災地のティーンズ女子にプレゼントを贈る試みである。宮城学院女子大学（M）、ドレメファッション芸術専門学校（D）の女子学生（＝ガールズ、G）有志がピア・サポートを行っている。

MDGガールズプロジェクトのチラシには、「学校の帰りのちょっとした買い物や寄り道、友達と時間を忘れてするたわいのないおしゃべりそんなフツーのことがまだまだ難しい被災地で10代の女の子たちは自分の気持ちを抑え込んでしまいがちです。友達にあげたら喜んでもらえそうなキラキラしたモノ、可愛いモノ、ちょっと素適なものを被災地の女子にプレゼントしませんか？段ボールでドカッと大量に届く〝物資〟ではなく、ひとりひとりのための贈り物10代の女子が喜んでくれる顔を想像しながら気持ちを込めたものをぜひ送ってください」とある。2011年7月末までで200以上のプレゼントが寄せられ、東北各地で開催するティーンズ女子会で配布した。

チラシに書かれている「段ボールでドカッと大量に届く〝物資〟」という言葉にドキッとする。たしかに、災害直後の何もない時期であれば、古着であっても喜ばれることもあるだろう。一方で、復興に向けて被災した当事者が歩き出したとき、誰か一人のためにきれいにラッピングされたプレゼントを手にすることで、どんなにか心強く感じるだろう。

くらしを取り戻すとは、その人がその人らしく回復してゆくこと、災害で奪われた尊厳を回復することである。化粧品や可愛いモノは、ときとして女の子にとってくらしを取り戻すための必需品となりうる。災害前、女の子たちはどんなくらしをしていただろうか。可愛いモノ、キラキラするモノ、カッコいいモノ、お気に入りのモノたちに囲まれ、休日にはちょっとだけお化粧をしていた子もいたかもしれない。「古着を送られる存在としての自分」ではなく、災害前と同じように「可愛いモノを手にする」あるいは「化粧をする」自分。

女の子だから「可愛いモノ」が欲しいはずだと決めつけたいわけではない。一言で女の子といってもさまざまな子がいる。多様な女の子たちの必需品は、やはり多様な女の子たちの声からしか考えられないのではないか。

生活を取り戻すための必需品が何であるのかを決めるのは、本来、その人自身である。よって必需品は、一人ひとりちがうはずだ。しかし、災害復興の担い手が「成人・男子・健常者」である限り、必需品のなかに「化粧品」や「可愛いモノ」あるいは、女子中高生向けのジャージやブラ・ショーツが入らないであろうことは容易に想像できる。

それでは、女の子が元気づけられるような災害復興に向けてどのような視点が必要であるだろうか。

4　ニーズから権利へ

ニーズに対する誤解

支援の現場では、ニーズに基づいて支援することが求められている。だが、ニーズはすぐにわかるような形で見えるものなのであろうか。

東日本大震災に際して、「(避難所で) 遊んでもいいのかな」、「おじいちゃん、おばあちゃんが悲しそうな顔をしているのに、笑ってもいいのかな」という子どもたちの声があった。女の子や女性たちからは「ヘアピン／ゴム／サイズのあったブラとショーツ／化粧品がほしいけれど、それはぜいたくかな」というつぶやきも聞かれた。

支援の多くは、ニーズが表出することを前提として行われている。しかし、目に見えない、声になって届きにくいニーズは少なくない。この「目に見える」「声が届く」とは、自治体職員や避難所の運営者などの意思決定者にとって「見える」「届く」ということを意味する。だが、意思決定者の多くは、成人の男性である点を忘れてはならないだろう。

もちろん、震災直後の東北では多くの男性たちが奮闘し、ベストを尽くした。だからこそ、支援者一人ひとりを責めるのではなく、支援を考える枠組みそのものを問題として設定しなければならない。

支援の枠組みの転換とは、たとえば「目に見える」ものだけでなく、埋もれて見えにくいニーズの掘り起こしを誰がするのか、ということである。つまり、ニーズに基づくアプローチとは異なる考え方について検討しなければならない。

新たなアプローチの必要性

国際開発の現場では、１９９０年代後半以降、人権に基づく開発アプローチ（ＲＢＡ：rights based approach to development）に注目が集まってきた。開発の現場では、経済成長重視の開発が、本来の受益者である民衆の生活をないがしろにしてきたことへの反省から、このアプローチに対する国際的な議論が発展してきた。

人権に基づく開発アプローチは、「これまで開発の現場で無視されがちであった人権基準や原則を、開発プロセスの中心に位置付けるもの」であり、「新たな開発のパラダイムとして関心を集めつつある」ものである。「１９９０年代の初めから論じられ始め、１９９０年代後半になってからいくつかの機関により採用されつつある手法」であり、「イギリスや北欧諸国が比較的早くからRBAを導入しており、国際協力を主要な業務とする国際機関のなかではUNICEFが最も積極的」である。1997年に国連が、人権活動を主要な活動分野に深く統合していく方針を打ち出して以来、国連開発計画（UNDP）、世界保健機構（WHO）などで採用されているアプローチである（川村 2005：85）

表4-1は、国際的な子どもの権利保障の団体であるセーブ・ザ・チルドレンが作成したものである。この表では、開発を例にして権利基盤型アプローチとその他（従来）のアプローチが比較されている。以下、表中の「開発」を、災害復興の文脈で置き換えて考える。

ここで災害復興における女の子という存在を考えてみよう。たとえば、権利基盤型アプローチでは「権利は不可分であり相互依存的」であるため、さまざまな権利に対して包括的なアプローチが必要となる。しかし、その他のアプローチでは「ニーズには階層性がある。いくつかのニーズはほかのものよりも常に重要である」と考えるため、重要性が低いとみなされたニーズは後回しにされることになる。支援物資における女の子用の衣類や化粧品、ブラ・ショーツなどはこれにあたるだろう。

重要性を判断する人が、権利についてどうとらえているかも大きな分かれ目となる。権利基盤型アプローチでは「権利は普遍的かつ不可譲であり、弱めたり奪ったりすることはできない」し、「すべての人々が潜在能力を発揮するために同じ権利を持っており、そうするように支援しなければならない」ととらえる。これに対し、その他のアプローチでは「いくつかのニーズは、ある

表4-1　権利基盤型アプローチとその他のアプローチ

権利基盤型アプローチ	その他（従来）のアプローチ
行動は義務。	行動は自発的であり任意である。
人々は合法的に請求権と保障を確立している。	人々は満たされるべきニーズを持っており、これらのニーズを最優先にできる。
貧しい人々は、権利の主体として助けられる権利がある。	貧しい人々は慈善の対象として助けられるにふさわしい。
すべての人々が潜在能力を発揮するために同じ権利をもっており、そうするように支援しなければならない。	何人かの人々は置いていかれる。
開発の影響を受ける人々は、権利主体として積極的に参加する。	開発の影響を受ける人々は受益者である；プログラムやプロジェクトの有効性を向上させるために参加を促されることがある。
権利は普遍的かつ不可譲であり、弱めたり奪ったりすることはできない。	いくつかのニーズは、ある文化においては認識されない場合がある。
人権を実現するための障壁となっている権力構造は、効果的に変革されなければならない。	権力構造を変えることはあまりに困難であり、それらの権力構造のなかでも作用するように実践的方法を見つけなければならない。
開発者は権利の保有者が自身の権利について主張し、公的な意思決定に参加できるようにエンパワーしなければならない。	開発は技術主義の過程であり、最もよく知っている技術的「専門家」によって導かれるべきである。
権利は不可分であり相互依存的である。たとえ実施上の優先順位づけが求められるどのような状況下にあっても。	ニーズには階層性がある。いくつかのニーズはほかのものよりも常に重要である。

（出所）Save the Children（2005：25）より

文化においては認識されない場合」があり、その結果「何人かの人々は置いていかれる」ことになる。何人かの人々には、女性や子どもが含まれるだろう。

それでは、誰が重要性を判断するのだろうか。権利基盤型アプローチでは、災害復興の「影響を受ける人々は、権利主体として積極的に参加する」し、そのために支援者は「権利の保有者が自身の権利について主張し、公的な意思決定に参加できるようにエンパワーしなければならない」と考えられる。その他のアプローチでは災害復興の影響を受ける人々は受益者とみなされ「プログラムやプロジェクトの有効性を向上させるために参加を促されることがある」にとどまる。また、災害復興の担い手は「専門家」というとらえ方をする。つまり「専門家」が重要でないと考えたニーズは反映されないし、「専門家」が意識しなければニーズがあることすら認識されないということになる。

このように考えると、「中学生女子が着ることのできる服がない」という課題は、単に女の子向けの支援物資を準備すれば解決するという問題ではないことがわかる。そこには、女の子が権利主体として、意思決定につながっていないという課題が潜んでいる。支援物資から見えてきたのは、支援のアプローチという枠組みそのものを、従来のものから女の子の権利を保障できるものに組み替えていかなければならないということである。

しかし、権利基盤型アプローチは、国や自治体の政策決定の場では、まだまだ浸透しておらず、表面化したニーズに基づいた支援が散見される。それでは、権利基盤型アプローチによる災害復興を考えたとき、具体的にどのような道筋が考えられるだろうか。東日本大震災後の取り組みを中心に、女の子がエンパワーされる災害復興という視点で次に考えていく。

5 結論―女の子がエンパワーされる復興に向けて―

復興のまちづくりへの子ども参加

女の子がエンパワーされるような災害復興に向けては、日常から当事者である女の子の声を大切にできる環境づくりが必要である。それはつまり、くらしのなかで女の子を含めたすべての子どもの意見表明・参加の権利を保障していくことにほかならない。

災害復興期のような緊急事態下においては、意見表明・参加よりもまず「保護」が優先されるべきだという声が日本ではまだまだ大きい。これに対して、国連子どもの権利委員会は、一般的意見12号「意見を聴かれる子どもの権利」（2009年）において、意見表明・参加の権利の緊急事態下における実施に言及したことは序章で述べた通りである。

これに関して、東日本大震災後、東北ではさまざまな子ども支援が展開されてきた。一方で、復興のまちづくりに関して、子どもの意見を反映させていく活動を進めている団体はそれほど多くない。そのひとつが、公益社団法人セーブ・ザ・チルドレン・ジャパン（以下、ＳＣＪ）の進める「子どもまちづくりクラブ」である。

ＳＣＪは、２０１１年5月〜6月にかけて被災した子どもたちに向けて「子どもの参加に関する意識アンケート調査」を実施、宮城県・岩手県の5地域、小学校4年生〜高校3年生1万１８８８名より回答を得ている。それによると、87・４％の子どもたちが復興に向けて「自分のまちのために、何かしたい」と答えている（セーブ・ザ・チルドレン・ジャパン 2011）。ＳＣＪではこの結果を受け、２０１１年7月から宮城県石巻市、岩手県陸前高田市・山田町の3地域で「子どもまちづくりクラブ」をスタートさせた。各地域の子どもたちは、9月に地域に向けた第1回活動報告会、11月に仙台での東北まちづくりサミット、12月に地域での第2回活動報告会を経て、各首長、県知事に意見書を提出した（子どもまちづくりクラブ 2011）。

子どもたちは、あまりにも大きな災害に直面して、「自分もまちのために何かしたいが、どうやったらいいかわからない」と感じていた。しかし、仲間に出会い、話し合いを重ね、自分たちの力で復興に向けた考えを具体化していくことは、「子どもだって復興のために何かができるのだ」、という確かな手ごたえをもたらした。

もちろん「子どもまちづくりクラブ」は、女の子だけの意見表明・参加の場ではない。しかし、メンバーの約半数は女の子であり、政府の復興構想会議等と比べるとジェンダー差が見られないことも確かである。このような取り組みが各地に広まっていけば、近い将来、災害復興に関しても「子ども」「女性」の声に耳を傾けなければという人材が育っていくだろう。

日常から子どもの声をまちづくりに

直接の被災経験がなくとも、このような取り組みは可能である。たとえば、東京都中野区のハイティーン会議の取り組みがある（写真参照）。ハイティーン会議は、中野区が子どもの参画推進事業の一環として2003年度より実施している。ハイティーン会議では、「中野区在住・在学の中高生世代が集まり、毎日の生活のなかで、気になっていることや疑問に思うことをテーマに、話し合いやフィールドワークを重ねながら考えを深め」合い、必要に応じて関係する機関への取材やアンケート調査を交えながら解決策を導き出す子どもたちの会議である。毎年、区民や区長・教育長に意見を報告し、話し合いの場を設けている。これまでに話し合ったテーマは**表4‐2**の通りである（中野区 2015）。

ハイティーン会議では、2011年度の活動テーマを「震災後、私たちが考えること、出来ること」に設定し、資源エネルギー庁や東京大学医学部附属病院への取材を踏まえて、身近でできることはなにかについて区民や区長とともに話し合いを行った。2014年度には、上述の「子どもまちづくりクラブ」がハイティーン会議を訪ね、その後もお互いの報告会に参加するなど交流が続いている。ハ

ハイティーン会議の話し合いのようす
（提供：中野区）

表4-2　ハイティーン会議これまでのテーマ

年度	テーマ	取材先など
2003	10代の子どもたちに魅力的なまちとは	区内の公園、放置自転車
2004	これからの学校 交通安全	教育委員会 東京都第三建設事務所
2005	恋愛 選挙制度―未成年者への参政権― 裁判員制度―あなたが裁判員になったとき―	高校生アンケート 高校生アンケート 検察庁
2006	少年犯罪について 児童労働	（財）矯正協会 ILO 駐日事務所
2007	いじめをなくすために	文部科学省、フリースクール
2008	Global Warming Education	小池百合子元環境大臣、メルセデス・ベンツ ユネスコ、陰山英男さん
2009	子ども、教育 裁判員裁判	東京都教育庁、重松清さん 獨協大学法科大学院
2010	東京都青少年健全育成条例	東京都青少年・治安対策本部 （社）日本雑誌協会、大手古書店 FW
2011	震災後、私たちが考えること、出来ること	資源エネルギー庁 東大医学部付属病院
2012	若者のインターネット利用	サイバーエージェント、ミクシィ、日本レコード協会、コンピュータソフトウェア著作権協会
2013	なぜ流行はおこるのか 日本のサブカルチャー	日本流行色協会、日本ファッション協会 日本動画協会、まんだらけ中野店
2014	東京オリンピック・パラリンピック 和食	東京都、レガシーフィールドワーク 農林水産省、文化庁 子どもまちづくりクラブとの交流
2015	アミューズメント 憲法・法律	KCJ GROUP、ナムコ 国土交通省、日本弁護士連合会

イティーン会議でも、メンバー構成に男女の差はない。

日本において、子どもの意見表明・参加の取り組みは自治体やＮＰＯが中心となって進めてきたが、まだ十分とはいえない。日常でできていないことは、災害復興時ではなおさら実施することに困難をともなうだろう。だからこそ、日常から、さまざまな子どもの声をまちづくりに意図的に組み込んでいくことが必要なのである。

そのためには、第一に、子ども自身が主体となっていくような場が必要であり、第二に、そのプロセスに寄り添う支援者が必要である。

ハイティーン会議には大学生や社会人のサポーターがいる。サポーターの一人である大原俊は「会議を進めて行くなかでサポーターが重視していたことは、結果ではなくプロセスを大切にすること」だったという。「自分たちで見て、聞いて、考えて、議論をする。簡単なことのようで実に難しいことです。この10か月間メンバーは緩やかに前進と後退を繰り返しながら、少しずつ着実にそれを行ってきました」と述べて、ある中学生女子の言葉を紹介している。それは東京オリンピック・パラリンピックを取材するなかででてきた「今まで考えて来たことは、もしかしたら間違っていたのかもしれない」というつぶやきである（大原 2015：25）。取材で、問題に直に触れることを通して、自分の先入観や偏見に気づいたときにでてきた言葉である。これを契機に、メンバーの考えはぐっと深まっていった。

小中高までの学びの多くは、「課題」が明確に提示されており、それに対応する「答え」が存在する。ところが、社会にでると「課題」は明確に提示されてはいない。課題は何であるのか、どうやってそれにアプローチするのかは一人ひとりが考えなければならない。自ら課題を設定し、取材を通して考えを深め、自分たちの言葉で発信する。それが、13年間にわたってハイティーン会議の中高生が実践してきたことである。

「早く!早く!」と効率と成果を求められる社会で、考える続ける力を育むことは容易ではない。だから、中高生がもやもやしているとき、周囲のおとなはやきもきさせられる。だからこそ、この事業の意義を理解し、中高生のもやもやを支え続けているサポーターと、理解ある担当職員の存在は小さくない。

子どもが、自分の言葉で考え、仲間の意見に耳を傾け、伝えていく。そのときの支援者側の視点によって、エンパワーされることもあれば、力を奪うこともあるだろう。一見遠回りのようであるが、このような日常からの取り組みが、災害復興期の女の子の声を尊重できるまちづくりへとつながっていく。それぞれのまちで、子どもの権利基盤型アプローチに基づいた支援者の養成と子ども参加を支えるしくみづくりが、求められている。

第5章

東日本大震災市町村復興計画と子どもにやさしいまちづくり

1　序論―専門家に求められる視点とは―

東日本大震災から1年半が経過した2012年10月、被災した自治体では第一次復興計画が相次いで策定されている。[1]復興計画では、数年から10年程度の復興の道筋が示されており、まさにこれからの地域社会のありようが描かれている。今後、より具体的な推進計画の策定や実施、数

1　本章は、初出が2013年4月、執筆段階では東日本大震災から1年半が経過していた。長期化が予想される復興プロセスにおいて初期段階の実態を把握することが復興計画分析の目的の一つであることから、1年半経過時点の復興計画に沿って分析を進めている。

年後の見直し等が予想されるが、そこには社会学・社会福祉学・教育学・建築学・都市計画学など、さまざまな専門職が子どもの支援者としてかかわることが想定される。子どもにかかわる専門家は、どのような姿勢で復興に臨むことが求められているのだろうか。

住友剛は、阪神・淡路大震災後の学校ソーシャルワーク（ＳＳＷ）の知見から「ＳＳＷ実践を含む災害発生後の子ども支援のあらゆる場面において、子どもの権利条約に定められた諸原則はできる限り守られる必要がある」と述べた（住友 2012：26）。東日本大震災復興計画が策定から実施段階に移った今こそ、これからの支援者のかかわりを子どもの権利条約の視点から問わねばならない。

災害からの復興とは、言い換えればまちづくりの過程である。まちづくりのなかでも、子どもがくらす都市について言及したものに、ＵＮＩＣＥＦ「子どもにやさしいまちづくり（Child Friendly Cities, CFC）」がある。子どもにやさしいまちづくりとは、「子どもの権利を履行・促進するための地域的統合システム」（荒牧 2004）であり、子どもにやさしいまちとはすなわち「子どもの権利条約を地方レベルで具体化するまち」（内田 2012：92）である。１９９０年代以降、ＵＮＩＣＥＦを中心として、世界各地で研究と実践が展開されている。

そこで本章では、東日本大震災からの復興計画を子どもにやさしいまちづくりという切り口でみていく。そこで着目するのは復興計画である。すでに策定された63市町村復興計画を対象として子どもを取り巻く環境調整という視点から内容分析を行い、子ども支援分野においてどのような計画がなされているか、その全体像を把握する。以上を踏まえて、子ども支援にかかわるさまざまな分野の専門家が、復興計画の策定・実施・検証にあたって、子どもにやさしいまちづくりを展開するために求められる視点を提示し、被災地域の子どもの権利保障につなげることが本章の目的である。

2　災害復興と子ども観

保護の対象としての子ども

災害時、子どもはとかく保護の対象として考えられがちである。とはいえ、災害時要援護者にも含まれてはいないことは、すでに第4章で述べた。子どもは、災害行政において、災害時要援護者ではないけれど、災害復興の担い手としても想定されていないのである。

教育行政ではどうであっただろうか。序章、第1章で論じたように、災害復興期の子ども支援において重視されてきたのは子どもを保護の対象とみなす「心のケア」であった。ところが、発災後、さまざまな場面で、子どもに希望を見出し、「復興の担い手」、「将来のまちの担い手」として子どもに期待するフレーズを目にするようになった。

大津波に襲われた釜石市では、中学生が率先して避難することで小学生や地域住民の避難も促され、約３０００名の児童・生徒の命が守られ（片田 2012）。これは、「釜石の奇跡」として、世界中に報道されたが、それにとどまらず、水くみや炊き出し、支援物資の運搬・配布、自分よりも小さい子どもたちの世話、高齢者の肩もみ、がれきの撤去、避難所での情報提供など、多くの場で活躍する子どもたちの姿が多数報告されてきた（大木 2012）。子どもは、どんなに幼くとも被災の当事者である。実際に災害を経験した子どもたちの声は、これからの防災教育や避難所運営、復興のまちづくりに活かせることが多いだろう。

活かされない子どもの声

しかし、子どもの声が復興に反映しているとは言い難い実態もある。公益社団法人セーブ・ザ・チルドレン・ジャパンが岩手・宮城両県の被災地域の子ども約1万6千人を対象に実施した調査では、実に69・5％の子どもが「自分のまちの復興に関わりたい」と答えているものの、実際に関わった子どもの割合は57・5％と、低くなっている（セーブ・ザ・チルドレン・ジャパン 2012：17–21）。子どもは復興にかかわりたいのに、実現できていないのである。なぜ、このような状況が生じるのだろうか。そこで、現在策定されている市町村復興計画を子ども支援の視点から分類し、その全体像を把握することで、子どもの声が反映されない理由を探っていく。

3　復興計画の内容分析

調査の目的と方法

東日本大震災からの復興では、その物的被害の大きさから、インフラの復旧・整備といったハード面を想起しがちである。しかし、大規模災害からの復興過程においては、時間の経過とともに課題に質的な変化が生じてくることが知られており、「災害救助から始まり、応急対応から復旧へ、そして、本格復興へと進む中で、ハード面の回復からソフト面の充実へなど課題の重点が移っていく」（神戸市 2011：77）という。

長期化が予想される復興において、その初期段階の実態をつかんでおくことは、動態の解明につながる。しかし、相次いで復興計画が策定されているため、その全体像をじゅうぶん把握しきれてはいない。そこで、現段階において子ども支援分野でどのような施策が計画されているのかをとらえることを目的として、復興計画の内容分析を行った。

この調査では、２０１２年10月31日までに策定された青森県・岩手県・宮城県・福島県の63市町村における東日本大震災復興計画を分析の対象とした。復興計画本文は、４県のホームページに掲載されている策定済み市町村一覧からそれぞれ入手した。全63市町村の復興計画をリスト化[2]

2　このうち、福島県金山町は東日本大震災に加えて、２０１１年７月の新潟・福島豪雨に対する復興計画である。

したうえで、復興計画書の内容分析を行い、子ども支援施策を10項目に分類した。内容分析にあたっては、（a）復興の主体に子どもが位置づいているかどうか、（b）施策のなかでどのような子ども支援が展開されているかに着眼した。

分析① 復興の主体はだれか

多くの復興計画では、その冒頭で「復興の主体」に言及している。「被災者主体・市民主体による市民参加」（岩手県大船渡市）、「このまちに住む一人ひとりの市民」（岩手県陸前高田市）、「チーム岩沼、オール岩沼、オールジャパン」（宮城県岩沼市）、「チーム山元」（宮城県山元町）、「100万人の復興プロジェクト」（宮城県仙台市）、「オールいわき」（福島県いわき市）といった文言がそれである。復興の主体が行政だけでなく市民であることが強調されている。

この「市民」のなかに、子どもが含まれると思われるものは、「（市民・事業者・行政の）スクラム釜石」を掲げる岩手県釜石市（「男女共同参画のもと、高齢者や障がい者、女性、子どもも含め」）、福島県飯舘村（「時代を担う若者を始め、村ゆかりの方々や専門家など村外の応援者も一緒になって『までいな復興プラン』を作り上げていきます」）、福島県郡山市（「未来を担う子どもや若者、高齢者、男性・女性など、市民一人ひとりの立場の視点に立った復興を進めます」）、福島県相馬市（「高齢者、子供、青壮年層がそれぞれの人生のステージで、生活再建をどのように果たしていくか」）、福島県浪江町（「みんなでともに乗り越える／一人ひとりの暮らしの再生／子どもたちの未来につなぐ」）などである。

分析② 子ども支援施策をめぐって

次に、復興計画のうち、子どもに関する施策を抽出したところ、①子どもの心のケア、②放射線対策、③防災・復興教育、④子育て支援、⑤教育施設の復旧・整備、⑥教育への経済的支援、⑦学校の多機能化、⑧代替交通・移動手段、⑨子ども参加、⑩学校安全マニュアルの整備・見直しの10項目に分類できた。

①心のケア

災害復興といえば、ハード面の復旧・整備が想定されがちであるが、子ども支援に関していえば、最も多かった項目は「心のケア」であり、51市町村にのぼった。事業としては、教育委員会が行う子どもの心のケアと、健康福祉部局が子どもを含めた全員に対して行う心のケアの二つが見られる。

このなかで、福島市は「震災にかかわるこころのケア事業」（健康推進課）、「緊急スクールカウンセラー等派遣事業」（学校教育課）だけでなく、「スクールソーシャルワーカー緊急派遣事業」（学校教育課）を計画に位置づけている。なぜ、福島県では、スクールソーシャルワーカーが位置づけられているのだろうか。鈴木によれば、福島県教育委員会は２０１１年4月13日に「文部科学省から「東日本大震災に伴うスクールカウンセラー等派遣事業」を始める旨の報道がでるやいなや」ただちに、「この「等」の箇所を「スクールソーシャルワーカー」と読みとり、人材面、配

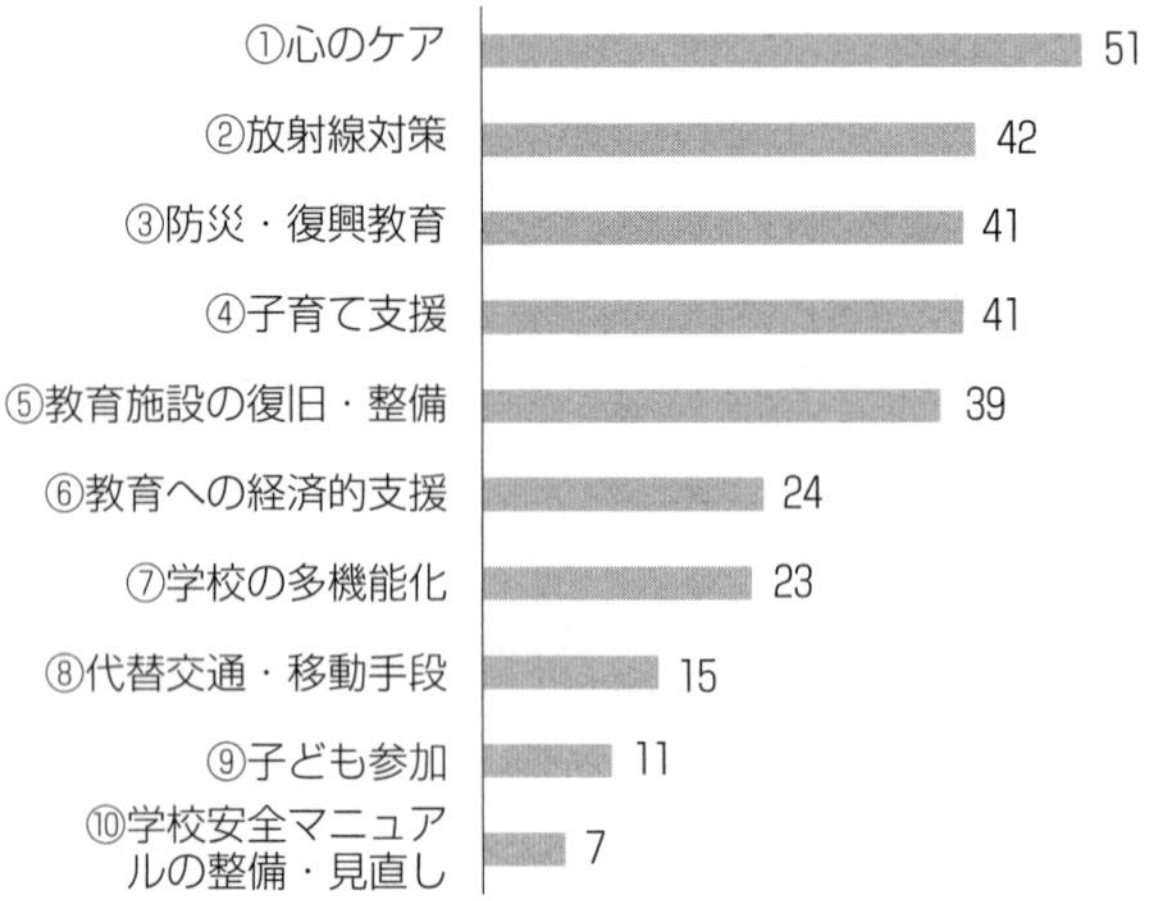

図5-1　子ども支援施策の分類と市町村数

置自治体、業務内容などについて作業を開始」した（鈴木 2012：8）。スクールカウンセラーとの違いについて福島県県南教育事務所は「SCの仕事は、児童生徒へのカウンセリング、カウンセリング等に関する教職員及び保護者に対する助言・援助等、主に学校内での活動が中心」であるのに対し、SSWの仕事は、「問題を抱える児童生徒が置かれた環境への働きかけ」だとしている[3]。

鈴木は、地震と津波に加え原子力災害が分断した子どもの生活を、どうやって取り戻すのかという福島が直面する課題を踏まえて、「こうした課題に対して『心のケア』ではない。あえていうならば『生活のケア』ではないだろうか」（鈴木 2012：19）として、子どもを取り巻く環境をつなぐソーシャルワークの必要性に言及している。

平成24年度も、「スクールソーシャルワーカー緊急派遣事業」が福島県全域で展開されており、平成25年度のスクールソーシャルワーカー募集もなされている。スクールソーシャルワーカーは、地方公務員法上の非常勤特別職として、県内の市町村教育委員会や教育事務所に配置され、福島県公立小・中・高校でスクールソーシャルワーカーとして勤務している。[4] 復興計画でスクールソーシャルワーカーを位置づけているのは、福島市のほかに矢吹町、宮城県石巻市、大崎市などがある。

② 放射線対策

放射線対策は、福島県内のほとんどの市町村で組み込まれており、全体でも42市町村と二番目の多さになった。放射線量測定や除染を基本とし、教育施設への対応として「各学校ごとの50ポイントのミニホットスポット調査」（福島県相馬市）のように、学校施設における、より詳細な放射線量測定を実施するところもある。このほかに、「までいな　からだ」健康手帳の発行（福島県飯舘村）、「0歳から18歳までの線量計（ガラスバッジ）による測定の実施」（福島県川俣町）、放射線影響低減対策としての「学校施設等遊具の交換」（福島県天栄村）、「学校における放射線教育

---

3 福島県県南教育事務所発行「学校教育課通信」平成24年3月19日、第79号

4 福島県教育庁義務教育課「平成25年度スクールソーシャルワーカー募集要項」より。

表5-1　市町村復興計画と子ども支援施策一覧

	市町村名	計画名	策定年月	①心のケア	②放射線対策	③防災・復興教育	④子育て支援	⑤教育施設の復旧・整備	⑥教育への経済的支援	⑦学校の多機能化	⑧代替交通・移動手段	⑨子ども参加	⑩学校安全マニュアルの整備・見直し
1	八戸市	八戸市復興計画	'11年9月	○		○	○		○	○			○
2	三沢市	三沢市復興計画～人と自然の共生　真の安全・安心を未来へ～	'11年12月	○				○	○	○			
3	岩泉町	岩泉町震災復興計画	'11年9月	○	○	○	○	○					
4	大槌町	大槌町東日本大震災津波復興計画（基本計画）	'11年12月	○		○	○	○	○		○		○
5	大船渡市	大船渡市復興計画	'11年10月			○		○				○	
6	釜石市	釜石市復興まちづくり基本計画　スクラムかまいし復興プラン	'11年12月	○		○	○	○		○			
7	久慈市	久慈市復興計画～新たな視点による　新たなまちづくり～	'11年7月	○	○	○	○		○				
8	田野畑村	東日本大震災田野畑村災害復興計画	'11年9月	○		○						○	
9	野田村	野田村東日本大震災津波復興計画～安全・安心で活力あるむらづくり～	'11年11月	○		○	○	○			○	○	
10	洋野町	海と高原の絆、未来へ確かな復興　洋野町震災復興計画	'11年7月	○	○					○			
11	普代村	普代村災害復興計画	'11年9月	○		○	○	○			○		○
12	山田町	山田町復興計画	'11年12月	○		○	○	○		○	○		○

	市町村名	計画名	策定年月	①心のケア	②放射線対策	③防災・復興教育	④子育て支援	⑤教育施設の復旧・整備	⑥教育への経済的支援	⑦学校の多機能化	⑧代替交通・移動手段	⑨子ども参加	⑩学校安全マニュアルの整備・見直し
13	宮古市	宮古市東日本大震災復興計画（基本計画）	'11年10月	○		○	○	○	○		○		○
14	陸前高田市	陸前高田市震災復興計画	'11年12月	○	○	○	○	○	○	○			
15	石巻市	石巻市震災復興基本計画—最大の被災都市から世界の復興モデル都市石巻を目指して—絆と協働の共鳴社会づくり	'11年12月	○	○	○	○	○	○	○	○		
16	岩沼市	岩沼市震災復興計画　マスタープラン	'11年9月			○							
17	大崎市	真の豊かさ　連携と協働による大崎の創生　大崎市震災復興計画	'11年10月	○	○	○	○	○	○	○			
18	女川町	女川町復興計画～とりもどそう笑顔あふれる女川町～	'11年9月	○		○	○	○	○	○	○		
19	角田市	角田市震災復旧・復興基本計画～市民ともに築く安全・安心なまちづくりに向けて～	'11年8月	○	○	○		○		○			
20	栗原市	みんなで明日へ　栗原市震災復興ビジョン（栗原市総合計画将来像Ⅵより）	'11年12月	○	○		○	○	○				
21	気仙沼市	気仙沼市震災復興計画　海と生きる	'11年10月	○		○	○	○	○	○	○		

	市町村名	計画名	策定年月	①心のケア	②放射線対策	③防災・復興教育	④子育て支援	⑤教育施設の復旧・整備	⑥教育への経済的支援	⑦学校の多機能化	⑧代替交通・移動手段	⑨子ども参加	⑩学校安全マニュアルの整備・見直し
22	塩竈市	長い間住みなれた土地で、安心した生活をいつまでも送れるように　塩竈市震災復興計画	'11年12月	○	○		○	○	○				
23	七ヶ浜町	七ヶ浜町震災復興計画　基本計画	'11年8月				○	○		○			
24	白石市	がんばっぺ白石　白石市東日本大震災復興計画	'11年9月		○			○	○				
25	仙台市	仙台市震災復興計画	'11年11月	○		○	○	○		○			
26	登米市	登米市震災復興計画	'11年12月	○	○	○	○	○					
27	多賀城市	多賀城市震災復興計画～支え合い笑顔あふれる未来を目指してつながろう！多賀城～	'11年12月	○	○	○	○	○		○			
28	名取市	心からの笑顔を求めて、新たな未来へ　名取市震災復興計画	'11年10月	○		○		○					
29	東松島市	東松島市復興まちづくり計画　あの日を忘れず　ともに未来へ～東松島一心～	'11年12月	○			○	○	○		○		
30	松島町	松島町震災復興計画「復興」「創造」そして「貢献」～東北・松島の美しさと安全を継承し発信する復興のまちづくり～	'11年12月	○		○	○	○		○			
31	南三陸町	南三陸町震災復興計画	'11年12月	○		○	○	○		○	○		

	市町村名	計画名	策定年月	①心のケア	②放射線対策	③防災・復興教育	④子育て支援	⑤教育施設の復旧・整備	⑥教育への経済的支援	⑦学校の多機能化	⑧代替交通・移動手段	⑨子ども参加	⑩学校安全マニュアルの整備・見直し
32	山元町	山元町震災復興計画～キラリやまもと！みんなの希望と笑顔が輝くまち～基本構想	'11年12月	○	○	○	○	○	○	○	○		○
33	利府町	利府町震災復興計画　未来へつなぐ「絆」～再生から発展へ～	'11年12月	○	○	○	○	○	○	○			
34	涌谷町	涌谷町復興まちづくりマスター・プラン　生薬を活かした健康まちづくり	'12年3月		○		○						
35	亘理町	亘理町震災復興計画～安全・安心・元気のあるまち　亘理～	'11年12月	○		○	○	○	○	○	○		
36	いわき市	いわき市復興ビジョン～日本の復興を「いわき」から～	'11年9月	○	○	○							
37	飯舘村	もう一度「ふるさと」へ　までいな希望プラン	'11年6月		○							○	
38	石川町	石川町東日本大震災復旧復興計画（第1版）	'12年3月		○								
39	猪苗代町	猪苗代町復興計画	'12年3月		○								
40	大熊町	第一次大熊町復興計画　あなた自身と、町の再建・復興を目指して	'12年9月	○	○	○	○		○			○	
41	大玉村	大玉村復興計画　東日本大震災・原子力災害を克服した未来の村のために	'12年3月	○	○	○	○						

	市町村名	計画名	策定年月	①心のケア	②放射線対策	③防災・復興教育	④子育て支援	⑤教育施設の復旧・整備	⑥教育への経済的支援	⑦学校の多機能化	⑧代替交通・移動手段	⑨子ども参加	⑩学校安全マニュアルの整備・見直し
42	鏡石町	鏡石町震災復興計画（第5次総合計画からの抜粋）	'12年3月	○	○			○					
43	金山町	金山町復興計画	'12年10月	○		○	○			○			
44	川俣町	川俣町復興計画（第一次）	'12年3月	○	○	○		○	○				
45	郡山市	郡山市復興基本方針　明日を担う子どもたちの未来のために	'11年12月	○	○	○		○					
46	国見町	国見町復興計画（第一次）	'11年12月	○	○	○							
47	西郷村	西郷村原子力災害復興計画	'12年2月		○								
48	鮫川村	鮫川村復興計画	'12年3月	○	○								
49	白河市	白河から「絆」と「再生」の光を　白河市震災復興計画	'11年12月	○	○	○	○	○					
50	新地町	第一次新地町復興計画	'12年1月	○	○	○							
51	須賀川市	須賀川市震災復興計画	'11年12月	○	○	○	○	○		○			○
52	相馬市	相馬市復興計画 ver. 1.1	'11年8月	○	○				○				
53	伊達市	伊達市復興計画～放射能災害からの復旧と夢あふれる伊達市の復興～（第1版）	'12年3月	○	○		○	○	○	○			
54	楢葉町	楢葉町緊急時避難準備区域復旧計画	'11年9月		○								
55	天栄村	天栄村復興計画～未来を担う子どもたちの将来のために～	'12年3月	○	○		○						
56	富岡町	富岡町災害復興計画（第一次）	'12年9月		○	○	○					○	

	市町村名	計画名	策定年月	①心のケア	②放射線対策	③防災・復興教育	④子育て支援	⑤教育施設の復旧・整備	⑥教育への経済的支援	⑦学校の多機能化	⑧代替交通・移動手段	⑨子ども参加	⑩学校安全マニュアルの整備・見直し
57	浪江町	浪江町復興計画【第一次】	'12年10月	○	○	○	○					○	
58	二本松市	二本松市復興計画（第1次プラン）希望の復興 輝く未来	'12年1月	○	○		○	○		○			
59	広野町	広野町緊急時避難準備区域復旧計画	'11年9月		○		○	○			○		
60	福島市	福島市復興計画「希望ある復興」	'12年2月	○	○	○	○	○	○		○	○	
61	南相馬市	南相馬市復興計画～心ひとつに世界に誇る南相馬の再興を～	'11年12月	○	○	○	○		○		○	○	
62	本宮市	本宮市震災・原子力災害復興計画【第2版】	'12年3月	○	○							○	
63	矢吹町	矢吹町復興計画～Never Give Up～矢吹はあきらめない！矢吹は負けない！	'12年3月	○	○		○	○	○			○	

推進事業」（福島県福島市）、「教室等への空調設備の設置」（福島県二本松市）、「こどもリフレッシュ事業」（福島県伊達市）などが計画されている。子育て支援に関するものとしては、「妊産婦及び乳幼児の放射線対策事業」（福島県国見町）、「子どもや妊婦への線量計の配布」（福島県石川町）、「妊婦・乳幼児の放射線対策事業」（福島県福島市）、「子ども・妊婦線量計等緊急支援事業」（福島県矢吹町）、「室内遊び場づくり」（福島県本宮市）などが見られた。なお、原子力災害や放射能に

関する教育は次項を参照。

③ 防災・復興教育

続いて多いのが、防災・復興教育の41市町村である。岩手県釜石市は復興の基本方針（4）では「私たちは、大津波からの避難誘導を見事に果たした、世界に誇れる子どもたちの存在を再認識しました。強く生き抜く子どもたちの行動が、世界中の感動を巻き起こしたことを忘れてはいけません。子どもたちが今回の津波に対してとった臨機応変な行動を防災教育のモデルとして、後世にまで語り伝えます」としたうえで、地域防災を充実させる「命を守る教育の推進」（岩手県釜石市）を掲げた。また「総合的な防災・復興教育の実践」（岩手県田野畑村）には、防災とともにクリーンエネルギーを通じた環境教育も含まれている。

防災教育の担い手に着目した自治体もある。学校における防災教育の充実を図るために教職員の防災・減災意識を高める「防災講座」と「防災教育主任の計画的育成および各小・中学校への配置」（宮城県気仙沼市）、児童生徒が生涯にわたって必要な防災力を習得することができる防災教育を含めた「防災人づくり」（宮城県仙台市）、災害記録を用いた「防災教育の推進」（宮城県大崎市）、地域性を活かした「防災学習（まつしま防災学）の充実」（宮城県松島町）がある。

防災・復興教育のなかに原子力災害が含まれるところもある。「放射線等に関する学習機会の充実」（福島県郡山市）、「かわまた教育推進プランの実施（原子力の知識・理解に関する学習）」（福島県川俣町）、「災害の教訓から学び、災害時の行動や平時の備えなど災害教育の実施」（福島県南相馬市）などがある。

④子育て支援

子育て支援にかかわる事業は41市町村で見られた。通常の子育て支援事業や相談事業の充実に加えて、保育所の津波浸水区域外への移転（岩手県岩泉町）や「保育所および子育て支援センターの復旧」（岩手県大槌町）のような施設の復旧・整備に関するもの、企業の休日稼働にともなう子どもの安全な居場所提供のための日曜保育としての「緊急一時預かり」（宮城県大崎市）、仮設住宅での支援である「仮設住宅子育て支援事業」（宮城県塩釜市）などがある。経済的な支援には、国と市による「児童扶養手当等の災害特例」（青森県八戸市）や「乳幼児医療費助成事業の災害特例」（八戸市）、被災した世帯に対する「保育所保育料減免制度」（宮城県登米市）、震災により減少した公園等の再建や創出を検討し、これまで以上に自然とふれあえる、安心、安全な「子どもの遊び場確保事業」（宮城県山元町）、全町避難によって「子育てや教育を支えてきた地域社会が失われ、孤立感を深めつつある現状の中で、避難先のサポート機関との連携や行事の開催などを通じて絆の維持に努める」（福島県大熊町）がある。

⑤ 教育施設の復旧・整備

被災した幼稚園、小中学校や給食センター等を対象とする教育施設の復旧・整備などは、39市町村であった。ハード面での復旧・整備が5番目である理由は、計画の策定自治体に、津波災害を受けておらず必ずしも建物そのものの復旧・整備が必要となっていない内陸部の市町村や、原子力災害の被災地域が含まれることが挙げられる。

事業としては、「中田学校給食センターほか8センターの復旧」(宮城県登米市)、「小学校施設(鹿折小他8校)中学校施設(松岩中他4校)幼稚園施設(津谷幼)」の改修(宮城県気仙沼市)、小中学校の「津波浸水区域外への移転」(岩手県岩泉町)、「学校の高台移転を含めた安全対策の検討」(岩手県普代村)、「小中学校の耐震化」のための整備(福島県郡山市)などがある。

⑥ 教育への経済的支援

教育への経済的支援は、県・市町村・学生支援機構といったさまざまな財源を活用して事業を実施する計画となっている。たとえば、災害救助法に基づく被災児童・生徒への学用品の給付は県を通して23年度中に実施された。また、県独自のものとして岩手県の「いわての学び希望基金」がある。

市町村レベルでは、被災児童への就学援助の充実を始め、「市奨学金の償還猶予及び申請要件の緩和」(青森県八戸市)、「白石市奨学資金の償還期間延長」(宮城県白石市)、「奨学基金の設立」

（宮城県気仙沼市）などがある。なお、福島県相馬市は孤児、遺児への支援金給付と奨学金の給付に関して、国内外から寄せられた支援金を基金として積み立て、長期的な経済的支援へとつなげるため「相馬市震災孤児等支援金支給条例」を制定し、運用している。

⑦ 学校の多機能化

東日本大震災を契機として、学校の避難所としての機能が改めて注目されている。教育施設としての学校だけでなく、避難場所としての学校の機能強化については、非常用発電機の配備など「小中学校における避難所機能の整備」（青森県八戸市）、「防災機能や地域コミュニティの拠点となる学校の建設」（岩手県釜石市）、安全な避難所および避難路の確保、建物の耐震・対火性の強化、および食料品・医薬品等の備蓄の充実を含めた「学校等における避難所機能の強化」（岩手県山田町）、「学校の防災拠点化」（岩手県陸前高田市）、学校において避難所として準備すべき設備・備品の充実に努める「学校の多機能化」（宮城県山元町）、学校施設の大規模改修工事にあわせて非常用電源、備蓄倉庫等の整備を行う「小中学校大規模改修等整備事業」（宮城県亘理町）などがある。

一方、避難所運営の見直しを組み込んでいるのは仙台市である。たとえば、「私立小中高等学校を指定避難所とする現行の避難所の位置づけ」を、「他の公共・民間施設の活用も含め、より地域の実情に応じた形となるように見直」すとしている。また、避難所の開設・運営をはじめとする非常時における職員体制の見直しや、「高齢者や障害者、女性、乳幼児、外国人等さまざまな視点に立ち、避難所の運営や物資の備蓄等を見直」すとした。女川町は「学校等避難所の機能の強化」のなかで、「学校施設を避難所とする際には、本来の児童・生徒の教育の場としての機能に充分配慮するものとし、学校教育の早期再開」をめざすとした。

⑧代替交通・移動手段

津波被害の大きかった沿岸部では、公共交通そのものが復旧していないことから代替手段としての交通、あるいは点在する仮設住宅から学校までの移動手段の確保が課題となっている。「三陸鉄道代替バスの運行」（岩手県普代村）、遠距離児童を対象とした「スクールバスの運行」（岩手県大槌町）、「通学バスの整備」（岩手県野田村）、「学区外の仮設住宅に入居した児童を対象としたスクールバスの運行」（岩手県山田町）、「臨時スクールバス運行事業」（宮城県東松島市）、「町民バス運行事業」（宮城県山元町）、「スクールバス運行事業」（宮城県亘理町）などがある。なお、山元町は、遠距離通学者に対する「経済的支援」も計画している。同様の支援は福島県福島市にもある。「通学バス運行事業」のなかで「震災による区域外就学児童生徒のうち、避難所から通学させるためのバス及びタクシー運行費用を負担する」ものである。福島県広野町では「通学路の除染が完了した段階においても、保護者などの不安が完全には払しょくできないと考えられることから」、「国の支援によりスクールバスを活用した通園・通学を実施する」としている。

⑨子ども参加

子ども参加は、11市町村、全体の2割弱であり、福島県内の市町村に比較的多く見られる。策定段階で子ども参加が見られるものとして、岩手県大船渡市、野田村、福島県浪江町、南相馬市がある。このうち、岩手県大船渡市は、中高生が参加したこども復興会議を開催し、2011年9月23日に「僕たち、私たちの大船渡市復興宣言」を発表した。野田村は、2011年6月下旬に「野田村の復興に関する（中学生・高校生）アンケート調査」を学校配布で実施し、301名から回答を得ている。福島県浪江町は、町民アンケートやパブリックコメントとともに、1217人の子どもを対象とした「子ども向けアンケート」を実施した。南相馬市は、2011年7月13日～22日にかけて、復興計画策定にあたり市の将来を担う小・中学生からの意見を取り入れることを目的として「南相馬市の好きなところ」「将来どんなまちにしたいか」について意見募集を行った。これには、98名の小中学生から回答があった。

復興に向けての課題については、岩手県田野畑村が復興基本計画の5カ年間で「子どもたちや若い世代の参画、男女共同参画等による村づくり」が不可欠であるという認識を示している。このほかに、村の将来を語り合う子どもたちによる「までい子ども会議」の開催（福島県飯舘村）、子ども向けアンケート結果を受けた「子どもたちが定期的に集まる機会の創出」（福島県浪江町）、「全国に避難している子どもたちによる交流会」（福島県大熊町）、「小中学生等の交流を深める事業」（福島県富岡町）、「他市町村との児童・生徒の交流事業」（福島県本宮市）、ジュニアリーダーの活動を通した「青少年地域活動事業」（福島県矢吹町）がある。なお、福島市は、「市内の小・中・高校生に、未来の福島市を考え、ビジョンや計画を出してもらう場を提供する」事業（福島県福島市）について検討している。

⑩学校安全マニュアルの整備・見直し

学校安全マニュアルの整備・見直しを計画のなかで位置づけている自治体は、それほど多く見られなかった。

「学校ごとの危機管理マニュアルの見直し」（岩手県大槌町）、「東日本大震災を踏まえて学校の安全マニュアルの検証・改善（避難場所・避難経路の設定等）」（岩手県普代村）、「学校危機管理マニュアルの見直しと地域・保護者への内容周知」（岩手県山田町）、「危機管理マニュアルの見直し」（岩手県宮古市）、「防災マニュアル等の見直し」（宮城県山元町）、「安全管理等推進事業」（福島県須賀川市）などがこれにあたる。

小括

東日本大震災の市町村復興計画における子ども支援施策で最も多かったのは、従来いわれてきたようなハード面の施策ではなく、ソフト面としての子どもの心のケアであり8割強の自治体で見られた。次いで、放射線対策、防災・復興教育、子育て支援、教育施設の復旧・整備が6～7

割の自治体で計画に組み込まれた。多くの自治体で子どもが心のケアの対象として位置づけられる一方で、必ずしも復興の主体としては想定されていないこと、したがって、復興計画の策定において声を聴かれる対象にもなりえていないことが明らかとなった。

一方、子どもを取り巻く環境という視点で復興計画を見たとき、福島県を中心としたスクールソーシャルワーカーが活用されていることや、子ども参加が組み込まれていることに着目したい。子どもの最善の利益を保障するとき、子どもの声を無視することはできない。スクールソーシャルワーカーや子ども参加支援者に共通する役割は、子どもの声を尊重しつつ、子どもと子どもを取り巻く環境へ働きかけることであり、子どもが環境に働きかけていく営みを支援することである。

4 結論―子どもの声をひろい災害復興に組み込む―

災害復興において、子どもにかかわる専門家は第一に「子どもの心のケア」の専門性をもつべきであるとされてきた。実際に63市町村が策定した東日本大震災復興計画においても「心のケア」が最も多い子ども施策となっており、全自治体の8割強で組み込まれていた。心のケアは確かに重要である。だが、子どもにやさしいまちづくりの視点から災害復興を考えたとき、「子どもの心のケア」だけでは十分ではない。

UNICEFは、子どもにやさしいまちをつくるために、①子ども参加の保障、②子どもにやさしい法的枠組みをもつこと、③まち全体の子どもの権利戦略を策定すること、④子どもの権利部局を作ること、あるいは調整するしくみをもつこと、⑤子どもの影響評価を保障すること、⑥適切な子ども予算を確保すること、⑦まちの子どもの白書が定期的に出されることの保障、⑧大人や子どもに子どもの権利を周知すること、⑨独立した子どものための弁護をサポートすること、の九つの要素が必要であるとする。なかでも、「①子ども参加の保障」はまちづくりの全プロセスと他のすべての要素の基本であるとされており、「子どもにやさしいまちにおいては、子どもは積極的な主体であり、子どもの声や意見が考慮され、決定過程に影響を及ぼす存在」と位置づけられている（内田 2012：92–93）。災害復興期など緊急事態下であっても子どもの意見の尊重に代表される子どもの参加の権利[5]が停止されないことは、すでに序章で述べたとおりである。ところで、災害後の子どもの考えや気持ちは、はっきりとした意見表明ではなく、遊びやさま

5　子どもの参加の権利は、子どもの権利条約第12条（子どもの意見の尊重）を中心として、第13条（表現・情報の自由）、第14条（思想・良心・宗教の自由）、第15条（結社・集会の自由）、第16条（プライバシー・通信・名誉の保護）、第17条（適切な情報へのアクセス）、第23条（障害のある子どもの権利）、第26条（社会保障への権利）、第28条（教育への権利）、第31条（休息・余暇、遊び、文化的・芸術的生活への参加）などから構成されると解される。

ざまな表現となっておとなの前に現れることもある。たとえば、災害を経験した子どもと接する支援者からは、しばしば子どもたちが「地震ごっこ」「津波ごっこ」をする様子が報告されている。春原由紀は、おとなが恐ろしい体験を繰り返し人に話すことで「経験を外在化」させ、こころの平安を徐々に得ることができるように、乳幼児をはじめとした子どもたちは遊びのなかでそれを行っているという。このとき、被害の再体験のような状態が見られ、「子どもが動揺するような場合には、そっと寄り添い、恐怖を弱めるように遊びの方向性を変える」ことも重要であるが、「災害後の避難所や避難先という厳しい生活状況であっても、子どもの遊びの時間・空間」を確保し、「できればその場に、遊びや子どものケアの専門スタッフがかかわることができるのが望ましい」と指摘した（春原 2011：14）。

遊びの専門家であるプレイリーダーはどう考えているだろうか。阪神・淡路大震災後に神戸市で遊び場を立ち上げた日本冒険遊び場づくり協会の天野秀昭によれば、「（立ち上げから）1か月過ぎたころから、大人たちは自分の被災体験を猛烈な勢いで話す」ようになったという。これに対して、子どもたちが見せたのは「地震ごっこ」だった。避難所のおとなが「やめろ！」とどやすなか、天野は「この遊びは子どもにとってはとても重要な遊びであることを話し、頼むから止めないでほしい」とお願いしたという。それは、子どもが「圧倒的な体験を自らコントロールできるものとして置き換え、なんとか了解可能なものにして心に納め直そうとしている」と考えたからであった。そして「地震ごっこ」「津波ごっこ」を不謹慎だからと止めるのではなく、見守ったのである。やがて、子どもたちは遊びながら自然と回復していった（天野 2011：71-72）。

このように子ども参加は、一見、それとはわかりにくい形で、おとなの目の前に現れることもある。だからこそ、復興のまちづくりにあたって、被災した当事者でもある子どもの考えや気持ちが尊重されるためには、それを支える人としくみをあらかじめ整備しておくことが必要である。しかし、復興計画を見る限り、子どもの声がじゅうぶんに聴かれるしくみがあるとは言い難い。声が聴かれないことは、新しいまちをつくっていく主体としてカウントされないということだ。

子どもにやさしいまちづくりの観点から、復興に関わる専門家に求められることは、まちづくりを担う一員として、子どもの声や声にならないつぶやきをひろい、災害復興に組み込んでいくことである。この詳細は、第7章で検討する。

第6章

中高生たちはどう受け止めたのか

1　序論──災害は子どもの発達をどう促したか──

災害は、子どもの発達に大きな影響を与える。心的外傷後ストレス障害をはじめとして、子どもの発達に心理的な課題となって現れる影響については、さまざまな研究が展開されてきた（服部・山田 1999、小花和 2004、藤森・前田 2011、冨永 2012、本田 2012、冨永 2014ab）。一方、災害体験を通して子どもの発達が促される側面については、体系的な研究は十分ではない。

震災後の厳しい状況のなか、中高生世代が自ら考え、率先して動くようすを多くの大人が目の当たりにした。炊き出しを手伝う高校生、高齢者を背負って移動を助ける中学生、小さな身体で重い水をバケツリレーする小学生。保育所や幼稚園の再開のめどがたたないとき、「中高生たちが幼い子どもと遊んでくれたから、生活を再建する第一歩を踏み出せた」という声もあった。被害が少なかった地域からも、物資の仕分けや泥かきなどのボランティアに多くの中高生が参加した。

子どもたちの動きは、多くの被災地域で目にすることができた。[1] 仙台市の中学校教師である大木は「学校が避難所となるなかで、もっとも頼りになる存在だったのは中学生と卒業生の高校生だった」と述べる。それは日常ではあまり目にしない光景であったが、「学校に行けば誰かに会えるし、塾も部活動もなくて時間があったから行っただけ」という中高生たちを前にして、大木は「逆に彼らの日常の方が忙しすぎたのか」と考えた。そして、「子どもたちは、震災でおとなになったと思うし、ずいぶん助けられた」と実感している（大木 2012：16）。このような日常とは異なる子どもたちの動きは、東日本大震災がもたらしたことである。はたして中高生は、震災体験をどのように受け止めたのだろうか。

本章では、『震災後に中高生が果たした役割の記録プロジェクト報告書』における、中高生・

1　子どもたちの変化は多くの教師が記録している。たとえば福島県南相馬市の小学校教師である白木次男は、原発事故という破綻のあとに避難所や避難先、学校で子どもたちが見せた変化—見ず知らずの人から受けた厚意や支援に感謝の気持ちを持ったり、助け合って生きることの大切さに気づく子どものようす—にふれ、「パンドラの壺に最後に残った『希望』」だと述べた（白木 2012：45-47）。

おとなからの投稿とインタビュー調査をもとに、災害体験が子どもの発達をどのように促していったのかを探る。

2　プロジェクトの概要と研究方法

プロジェクト実施目的

「震災後に中高生が果たした役割の記録プロジェクト」は、公益社団法人セーブ・ザ・チルドレン・ジャパンが主催し、一般財団法人地域創造基金みやぎが実施主体となり、文部科学省・復興庁等の後援を得て、２０１２年10月〜２０１３年3月にかけて実施された。プロジェクトは「大規模災害に留まらず、地域の防災・減災、或は円滑な避難を実施する上で、昼間の時間帯を中心に地域にいる中学・高校生は大きな役割を果たしうる」という認識に立った（セーブ・ザ・チルドレン・ジャパン 2013：2）。そのうえで、東日本大震災において中高生が具体的にどのような役割を果たしたのかを、いずれ忘れ去られてしまう「記憶」にとどめるのではなく、「記録」として残し、広く共有することを目的として実施した[2]。

概要

２０１２年10月～２０１３年1月にかけて投稿を受け付け、２０１３年1月～3月に個人・団体計7組により詳しい話を聴くためのインタビュー調査を実施した。

投稿を呼びかけた対象の中心は中高生と大人である。中高生には、当時小学校高学年や高校生だった人も含め幅広く募ることとした。投稿当時の年齢で最年少は9歳、最年長は72歳であった。居住地は、被災地域である①東北6県にくらす中高生、②東北6県以外にくらしているが東北域内で活動をした中高生とした。おとなに関しては、「中高生に助けられた、中高生の働きを実際に見た人」を対象とした。プロジェクトの告知は、学校へのポスター掲示、東北地区で購読されている新聞社やテレビ局・ラジオ局など１００社へのプレスリリースの配信、ウェブサイトでの発信である。[3]

以上の結果、中高生から１５６通、おとなから49通、計２０５通の応募があった。[4]

---

2 なお、筆者は、本プロジェクトの実施にあたり、企画段階からインタビュー調査、報告書の執筆・作成に至るまで全面的に協力をした。

3 ただし、プロジェクトへの応募は任意のものであり、投稿を強制しないよう、学校などを通じたはたらきかけにおいてはその点を十分留意してポスター掲示を実施した。

4 中高生のうち7通は白紙であった。

研究の対象と方法

投稿にあたっては、「中高生用」と「おとな用」、二つの用紙を準備し、応募後はまとめて冊子にし、東北、その他の地域に伝えていくことを明記して配布した。

インタビュー調査については、投稿してくれた人のうち、詳細の聴き取りを承諾し、日程があった人のなかから7組を対象に、「実際に果たした役割の詳細」「やってみてどうだったか」「震災後に中高生が果たした役割を記録することをどう思うか」の3点について半構造化インタビューを行った。1回のインタビューは30～60分であり、許可を得てICレコーダーに録音し、文字起こしをしたものを本人に確認してもらったうえで、それぞれ2～4頁にまとめた。以上をあわせて、2013年4月に『震災後に中高生が果たした役割の記録プロジェクト報告書』を発行したが、子どもの果たした役割の実際をありのままに伝えようという趣旨から、すべての投稿に手を加えず、インタビューも本人の意向を尊重して掲載しており、回答の分類や分析はしていない。

そこで、本章では、中高生の震災体験の実態を把握するため、報告書に記録された投稿とインタビュー結果を分析対象とした。具体的には、投稿について、①どんなことをしたか、②なぜ、それをやろうと思ったか、③やってどう思ったか、④周囲の反応はどうだったか、⑤やってよかったと思うこと、⑥おとなのコメントの六つに分類整理した。これに、⑦インタビュー調査の結果を加え、子どもの発達の観点から再分析するという方法を採用した。

分析をはじめるにあたって

分析をはじめるにあたって、205通の投稿のなかにあった「自宅がツナミにあいとくに何も出きませんでした」(宮城県、11歳)[5]という一文について考えたい。

「中高生が果たした役割」と聞くと、震災という大変な状況にあって、何かを成し遂げた中高生は素晴らしく、何もできなかった人はだめだ、という誤解を与えがちである。しかし、このプロジェクトの目的は中高生による美談を集めることではない。目的は、中高生が震災後に果たした、あるいは果たせなかった役割をありのままに記録することである。であるからこそ、「何も出きませんでした」という一文だけでなく、すべての投稿を、事務局が手を加えることなく掲載した。

また、「何も出きませんでした」が示唆することは、205通の背景に、応募しなかった／できなかった中高生の声がまだまだたくさんある、ということである。それらの声に想いを巡らせつつ、205通の記録を活用していくためにも[6]、現段階での分析が必要であると考える。

---

5 当時中高生だった人、現在中高生である人や、中高生に年齢が近い人も含んでいるため、対象者は厳密には中高生だけではない。また、報告書に記載された年齢は、投稿当時のものであり、被災当時の年齢はそこから1歳半ほど若くなる。

6 これまで、名古屋市瑞穂消防署が中学生向けの防災教育に、また、高知県教育委員会学校安全対策課が県内の教員向け研修に活用している。

分析の視点

中高生の発達課題の一つは、アイデンティティの形成であろう。

青年期の始まりは、一般的に第二次性徴とそれにともなう心理的変化の出現におかれているが、その終わりは始まり以上に複雑であり「青年期を終えるということは、成熟・完熟した一人前の〝大人〟になること」（和田 2002：5）である。和田実は、「〝大人になる〟というのは、エリクソンの人格発達理論における青年期の心理的社会的危機を示す用語である〝アイデンティティ〟の確立といってよい」と指摘する。（和田 2002：6）。それは、自分の存在意義はなんであるのか、自分は何者であるのかを問うことであり、その答えを導くことは容易ではなく、中高生の発達を考えるうえで大きな課題の一つである。

平石賢二は、ボランティア体験等の社会的活動の果たす役割を、「アイデンティティ形成のための『役割実験』の体験」と考えることができると指摘した。役割実験とは、エリクソンが使用した用語であり、モラトリアムな時期に青年が自由な役割実験、すなわちさまざまな役割を経験し、試すことにより、その社会のなかで自己の適所を発見することになるとされている。このような家庭や学校を離れた体験は「新たな世界と自分を発見させるのに寄与」する可能性を有するのである（平石 2011：96–98）。

そこで、本研究では、震災体験を通して中高生が果たした「役割」に着目して、調査結果に定性的コーディングを行った。その「役割」が、中高生の発達、とくにアイデンティティ形成をどのように促したのかを分析の視点とした。

3　中高生の東日本大震災体験

どんなことをしたか

震災直後から、中高生は避難所の内外でさまざまな役割を果たした。避難所のなかで多かったのは、水くみ、物資の運搬・仕分け・配布、子どもの遊び相手、トイレの設置と掃除、ごみの収集であった。このほかには以下のようなものが挙げられる。

・小学校に避難している人の避難者名簿作成を手伝った（宮城県宮古市、15歳）
・避難所での、朝・晩のごはん作りをした（岩手県山田町、17歳）
・地震で怖がっている1、2年生を励ました。泣いている人もいたからみんなで歌を歌ってあげた（福島県、12歳）
・6：30からのラジオ体操をやった（岩手県陸前高田市、12歳）

避難所の外ではどのような役割があっただろうか。

・（ホタテ・わかめの）養殖作業の手伝いをしました。その他、力仕事などを手伝いました（18歳、岩手県山田町）

・友達を家のお風呂にいれた（何度も水をくんでおふろに入れた）（宮城県多賀城市、9歳）

・ガソリンスタンドの前で止まっていた車をガソリンスタンドまで押した（福島県会津若松市、19歳）

・老人ホームに行ってベッドメイキングとおむつ交換、食事介助、服の着脱を行った（福島県喜多方市、19歳）

このように、中高生が果たした役割は、避難所の内外を問わず、震災直後の状況やその地域の置かれた課題に対応する形をとり、内容は多岐にわたった。

一方、兵庫県立舞子高等学校環境防災科[7]の生徒たちの多くは、震災後に被災地域へボランティアに行き、被災をした方々へのニーズ調査を実施したうえで、そのニーズを踏まえた泥かきや草取り、サロンの開催などのボランティア活動を実施した。

---

7 兵庫県立舞子高等学校環境防災科は、阪神・淡路大震災の教訓をふまえて、２００２年４月に設置された、日本で初の防災を専門に学ぶ学科である。東日本大震災発生に際しては、２０１１年４月より東松島市を中心に継続的にボランティア活動を実施、被災地域の高校生との意見交換も試みている。

なぜ、それをやろうと思ったか

中高生たちは、なぜ、このような活動をしようと思ったのだろうか。

・やれといわれたから（岩手県山田町、水くみ、16歳）
・小学校の先生にすすめられた（岩手県陸前高田市、ラジオ体操、12歳）
・水がとまって出なかったので。生活に必要だったから（岩手県山田町、水運び、17歳）
・みんながやっていたから（宮城県石巻市、水や食料の運搬、13歳）
・友達に誘われて始めた（宮城県石巻市、物資の受け渡し、18歳）
・学校から行くことになったから（兵庫県立舞子高等学校、18歳）
・家にいてもやることがなかったし、誰かのためになるならやろうと思ったから（仙台市、炊き出しの配膳や一人暮らしの方々にお弁当の配達、14歳）

このように、はじめたきっかけはそれほど自発的ではない中高生も多く見られた。これに対し、状況のなかで自然と動いたという例もある。

・お腹が減りすぎて早くご飯を食べたいと思い、調理室に手伝いに行ったことがきっかけ。最初は邪魔にされていたけど、慣れると仕事を任されるようになり、皆のためにと頑張る

ことができた（岩手県山田町、ごはんづくり、17歳）

・泣いていたから（宮城県仙台市、同じ集合住宅の乳幼児と一緒に遊ぶ、16歳）

・見てて大変そうだったから（宮城県仙台市、近所の人の分まで支援物資をもらいに行く、17歳）

・一人で車を押していたから（福島県会津若松市、路上で止まっていた車を押した、19歳）

一方、少しでも人の役に立ちたかったという中高生もいた。

・自分の置かれている状況よりもつらい人がいると知って、その人達を少しでも助けたいと思ったから（宮城県仙台市、物資の仕分け、15歳）

・少しでも、人のやくにたちたいとおもった（福島県田村市、支援物資の運搬、12歳）

・看護を学ぶ者として役に立てれば良いと思った（福島県会津若松市、介護の手伝い、19歳）

・最初の日の炊き出しで、もらった人々がほっとしたような感じでえがおになっていて、「こんな小さい事でも人々を助けられる！」とおもったから（宮城県名取市、炊き出し、14歳）

恩返しができたら、というのは舞子高等学校の生徒である。

・阪神・淡路大震災のとき、生まれて間もなかったが、たくさんの人が神戸に来てボランティアをしてくれた。少しでも、恩返し出来たらいいと思った（兵庫県立舞子高等学校、ニーズ調査とそれをふまえたボランティア活動、18歳）

1回目はみんなが行くからという理由で、2回目は目的意識をもってという生徒もいた。

・最初はみんな行くし行こうと思って。2回目は、何かもう少し役に立てることがあればと思って（兵庫県立舞子高等学校、17歳）

やってどう思ったか

人がいのちをつなぐための水は、非常に重い。水くみをしたという中高生たちは、「つかれた」（宮城県仙台市、18歳）、「おもっっ!!」（宮城県仙台市、16歳）と率直な感想を記述してくれた。また、それゆえに「どれだけ貴重なものか改めて思った」（岩手県山田町、17歳）、「水の大切さや若い力が必要だと感じた」（岩手県山田町、18歳）という意見もあった。自分の成し遂げたことに、達成感を覚えた中高生もいる。

・誰かのために役に立つというのはこんなにも気持ちのいいことなんだと思った（宮城県仙台市、炊き出し、13歳）

・だんだんキレイになっていく母校や避難所を見て、うれしくなった。もちろん楽しかったし、やりがいがあった（宮城県、避難所の掃除、17歳）

ところで、投稿してくれた中高生たちの多くは、自らも被災している。そのうえで、「何か役に立てないか」「前を向いてがんばろう」と感じている。

・正直、私の家の被害は床上50センチの津波くらいでたいしたものではありませんでした。もっとひどい被害にあった方々を見て、もっと「何か役に立てないか」という思いが深まりました（岩手県宮古市、避難者名簿作成、15歳）
・音楽、吹奏楽は人に感動を与える素晴らしいものだと思ったことと、自分自身も前を向いてがんばろうと思えた。私たち高校生が復興に一番重要な存在だと思った（岩手県釜石市、吹奏楽部で復興コンサート、17歳）

舞子高等学校の生徒は、当初、自然の圧倒的な力の前に無力感を覚えたが、被災された方々からの言葉で、自分の考えのとらえ直しを行っている。

・やってもやってもキリがなく、ただただ無力感が大きかった。ボランティアをさせてもら

ったときの「アリガトウ」がとてもうれしくて逆に励まされている力になった（舞子高等学校、17歳）

・実際に目で見て、肌で感じて、においをかいで自然が怖いと感じた。ボランティアをしても自分一人の力でなにがかわるんやろ?と無力感を感じた。でも、向こうの方の感謝の言葉や、笑顔または泣き顔をみてつながっていこう、支えていこうと思った（舞子高等学校、18歳）。

周囲の反応

中高生たちの動きに対する周囲の反応で最も多かったのは「ありがとうと言われた」ことである。がれきからでている火を消すのを手伝い「消防団の人にも感謝された」（岩手県、消火活動、17歳）という震災直後のエピソード、「おばあちゃん方に「みんなに会って話もできるし、体の調子もよくなった。ありがとう」と言われた」（岩手県陸前高田市、ラジオ体操、13歳）という避難所での継続的な活動に対する感謝もあった。おとなの手が足りないときに中高生が動いたことに対して、おとなから「助かった」と言われたことを挙げている子どもも多かった。

もっともこれらは、「ありがとう」「助かった」を言われたくてしたわけではないだろう。

・みんなは「すごいね」とか、「えらいね」などというけど、ぼくは、ほめられたいからや

っていたのではなくみずからやった。人のためにやりたかった（宮城県利府市、水くみ、13歳）

これに対して、反応はとくになかったという記述も少なくなかった。

・話すことでもないので周囲は知らない人の方が多い（宮城県石巻市、物資の配布、18歳）
・特にありませんでした。私の周りの人たちの大半が、被災地に赴きボランティア活動を行っていたので。私もその内の一人になっただけです（宮城県石巻市、物資の配布、18歳）
・みんな一生懸命でよゆうがなかったのでわかりません（岩手県陸前高田市、避難者名簿作成、17歳）

なかには、「缶コーヒーの配給があって子どもに配ったところその子の親に子どもに缶コーヒー飲めるわけないでしょ、もっと考えて配ってよと言われた」（宮城県東松島市、支援物資の配布、15歳）例もある。[8] 友達からの反応もあった。

・友達に「私もやりたかった」と言われた（福島県、介護の手伝い、18歳）
・連日ではないけれど、友人がその話を聞いて手伝いに来てくれたりもした（宮城県仙台市、

物資の仕分け、15歳）

舞子高等学校の生徒のなかには、学校単位のボランティアに加えて、自主的に被災地域に足を運んだ生徒もいた。ある生徒は、「私たちはボランティアとして現地に2～3日しかいないけど、現地の人は復旧・復興するまでの作業をしなければならず、できることは限られているんだと思い知らされた」と感じつつも、「再訪問するうちに、孫みたいだといってもらうことができた」（舞子高等学校、18歳）と記している。

8　インタビュー調査のなかでこのエピソードをより詳しく語っている。それによると、飲み物の配布をするにあたってコーヒーやジュース、サイダーのような選択肢のなかから選ぶ方法だと特定の飲み物が無くなってしまうという理由で、「1組にいる人にはコーヒーね、渡しちゃって」と先生に言われたそうである。その後、母親から「コーヒー飲めないいんだから考えて」と言われ「いやぁ、考えてって言われても先生に言われてるんで」と返したところ、「先生にもちゃんと考えてって言っといて下さい」と言われたらしい。その後、先生には伝えていないが、それは「言えません（笑）。先生も家とか帰れなくて、家族もどうしてるか分からない状況で、ものすごく疲れていたんで、この人たちを疲れさせたらいけないなーって」思ったからだと答えている。

やってよかったと思うこと

やってよかったと思うことについては、誰かのためになることをしたこと、自らが動いたことで周囲が笑顔になったことへの達成感が多く見られた。加えて、中高生たちが、役割を果たすことによりどのように変化していくのかも見ていきたい。

・大人に頼らず、中学生の私たちにもできることがあると実感できました。また、自分はひとりじゃない。みんながいる。と感じました（宮城県、避難者名簿作成、15歳）

・一つのちいさな手助けでも、多くの人々を助けられるんだと思った。炊き出しの小さなおにぎり一つ、手渡すだけでもみんなの何とか生きていこうという感じが伝わってきた（宮城県名取市、炊き出し、14歳）

・少しでも力になれたなら良かったと思います。看護を学んでいて役に立つことができたので看護学生で良かったと思いました（福島県会津若松市、介護の手伝い、19歳）

以上のような記述からは、大災害に見舞われた中高生が、役割を果たすことで自己の存在意義を見出していくさまが見て取れる。

まちの復興にも目が行くようになったという記述が見られた。

・誘われて始めたことでしたが、「ありがとう」と感謝していただけてとても嬉しかったです。地域の輪は改めて大切だと思いました。少しでも地域の方の役に立てて良かったです。（宮城県仙台市、炊き出し、18歳）

・とても大変でしたが、実際にやってみることで、町の問題を自分自身の目で見て感じ取れたのは、とてもためになりました（岩手県山田町、ホタテ・わかめの養殖手伝い、18歳）

「自分が力不足」（17歳）と感じたのは舞子高等学校の生徒であった。それでも「実際に訪れてみないと分からないことが多い」（18歳）と感じたり、「忘れてはならない、伝えていくことの大切さを感じた」（18歳）と新たな決意を抱いた生徒もいた。5月に作業をさせていただいたお宅に、8月に再訪した生徒は、継続的な関わりの大切さを述べている。

ヘドロで埋め尽くされていた（5月の）ビニールハウスとは違い、美味しそうなトマトが沢山実っていた。その時に、僕たちの一人一人の力は小さいものであるけど、クラス全員で力を合わせたらこんなにも変わるのだと感じた。そして、ボランティアはやったその時だけではなく、これからも〝つながり〟を持ち続けると、現地の人も喜ぶし、僕も嬉しい気持ちになるのだなと思った。（17歳）

おとなのコメントから

中高生の活動を見ていた大人はどう感じただろうか。

岩手県釜石市の老人ホームで勤務していた30代の職員は、地震発生の直後、津波がくるまでのわずかな時間に「私自身どうしたら良いのか分からない状態で、泣きそうになっていたけど」高校生たちの優しさに救われた、という。

勤務していた老人ホームの利用者さんの避難を手伝ってくれた。周りで津波が来るのを見ている大人をよそに、その男の子達は、私が「すいません！まだ利用者が中にいるので助けてください！」と声かけすると、すぐに「どこですか!!」と走って来てくれた。そして、夜になって本当に小さい1口で食べれる様なおにぎりを施設で作り配ると「僕達は大丈夫です！おじいちゃん、おばあちゃんにあげてください！」と。本当に助けられました。（岩手県釜石市、32歳）

陸前高田市では、避難所でのラジオ体操を中学生が自発的に始めた。

生活のリズムを取り戻した。参加者で声をかけあったり、笑い声やおしゃべりの時間でもある。1日の中でゆいいつ空を見上げる時間。子ども達から元気をもらう。（岩手県陸前高

田市、48歳）

中高生が幼い子と遊ぶようすも見られた。

避難所で被災した子ども達と遊んでくれていました。狭い避難所生活をしていた子ども達はとても楽しそうだった。あの状況の中、おとな達は子どもと遊んであげる余裕がなかった…。中高生たちがとても〝たくましく〟見えました。（宮城県多賀城市、36歳）

断水、断ガス、停電のなかで、中学生が手押しポンプで井戸から水を汲みあげたり、まだ冷たいプールからトイレへ水をバケツリレーで運んだりした。

常々、今の若い者はという声を耳にしますが、決して全ての若い人たちがそうではなく苦難に陥ったり、人に役立つことがあれば進んで、あるいは誰かが誘ってくれれば社会の一員として前に向かっていきます。（略）とかく今の若者には夢がない、そして自暴自棄になっているといいます。そんな不透明な先の見えない世の中をつくったのは我々です。責任の大部分は私達おとなにあります。多くの犠牲になった方には申し訳ありませんが若い人々を見直す機会になったことは確かです。気持ち的にはちょっと優しくなった様な気が

します。（宮城県仙台市、59歳）

「若い人を見直した」という言葉にあるように、頼れる存在としての中高生は、日常ではあまり見えてこない部分であることがおとなの投稿から伺える。

インタビューから

中高生が果たした役割について、より詳細なインタビューを実施した。その結果見えてきたことは、大きく五つある。

中高生たちがまず口にしたのは、「こんなことでインタビューを受けていいのか」という言葉であった。自分は、何も特別なことはしていない、震災を目の当たりにして動いただけだ、という。

宮城県立田尻さくら高等学校の佐々木将さんは、沿岸部への物資の仕分や沿岸部に赴いて物資の配布をしたが、「被災者といえば私達自身も被災者なのでしょうけれど」としたうえで、「私が震災時にしたことは本当にたいしたことじゃない」という。

震災直後の気仙沼で、避難所指定されていなかったにもかかわらず地域の人がどんどん避難してくる状況を目にして、避難所を開設し、その運営を担った吉田祥さんは、「3年生が卒業した後だったから、2年生の自分達が動くしかなかった」と語った。

宮城県の中学生、中島加奈絵さんは、中学校が避難所になっており、そこでの食べ物の配布や、断水のためプールから水を汲んで来てトイレの前に溜めるといった作業を先輩たち5人と行った。震災前は手伝いをしたり人前に出たりする機会がなかったが、当時は動ける人が少なかったため「自分がふだん使っている体育館にいるわけだし、自分でやりたいって思いました。基本的には中学生が動いていいました」と述べる。

岩手県の双子の高校生、小林優人さん・秀人さんは、震災前から相撲をやってきた。震災後、「自分の住んでいる地域で、自分達が何か力になれる事がないか」と考えたときに「自分達は力仕事とかそういうことの方が向いているな」と思って、ホタテ・わかめの養殖を手伝った。

二つめは誰かのためだけではなく、自分にも返ってくるものがある、という点である。

私の住んでいる地域は断水になっている家が多かったのですが、私の家では水が出ました。そこで地域の水がない人たちに配りました。（略）言葉じゃなくても、空気が変わったっていうのだけでも嬉しかったです。水がないと人は生きていけないから、ピリピリした感じだったけど、水を渡したら笑顔になって明るくなりました（加藤乃亜、中学生）

加藤さんは、震災前は、地域の人とあまり話す機会がなかったものの、震災後には地震で外に出るたびにあいさつや話をするようになり地域のつながりがより深まったという。そのような経験から、誰かに何かをするということは、自分にも返ってくるものがあるという。

震災の時は不安だったけど、人に対して優しいこと、人のためになることをしているときは、自分の不安な気持ちが忘れられるし、何かすることで誰かのためになって、その人が笑顔でいてくれるってことに対して達成感がありました（加藤乃亜、中学生）

会津若松で介護の手伝いをした小林さんは、震災のように大きいことがきっかけじゃなくても、小さいことで困っている人がいたら手を差し伸べていきたいという。

それはきっと自分に返ってくるから。ちょっとした一言で救われる時があると思います。一人じゃないねって（小林美優、看護学生）

インタビューから見えてきたことの三つめは、自分の住むまちへの興味・関心が高まったことである。吉田祥さんは、震災直後に避難所の運営を担った経験を踏まえ、大学生になって気仙沼を離れた今も、気仙沼の情報をブログという形で発信し続けている。

気仙沼でしか活動をしていないのですが、気仙沼のために何かしたいと思っていること、気仙沼のために何かをすることが大事かなって。震災前は、気仙沼に残りたいとか、気仙沼のいいところもそんなにわかりませんでしたが、山形に引っ越したり、震災が起きたこともあって「いいところ」が見えるようになりました（吉田祥、大学生）

漁業を手伝った高校生、小林秀人さんも同様である。

震災を通して山田にもっと貢献していきたいっていう気持ちが強くなった（小林秀人、高校生）

四つめは、学校で学んできたことを、震災を通してとらえ直したことである。震災後、医療従事者が少なくなった福島で介護のボランティアをした大和田望美さんは、高校で看護を学んできた。

老人ホームでおむつ交換をしたり、食事介助のボランティアをしました。実習で疾患とか麻痺があるってわかってたんですけど、何にも情報がないままいろんな人を介護するのは大変だった。コミュニケーションが全部地震のことで、すごくつらかったんだなって伝わってきました。中には泣いている人とか「帰りたい」っていう人もいました。教科書上で

はこうしなさいってわかっているけど、実際は余計傷つけたらどうしようって思って、うまくできなくて

教科書のようにうまくはいかなかったけれど、その経験を通して大和田さんはこんな看護師になりたいというビジョンを見出した。

もっと精神面でも関われるように勉強して、少しでも閉ざされた心を開けるような看護師になりたい（大和田望美、看護学校専攻科）

高校で防災を専門に学んできた3年の野村ゆずさんは、初めて東北に行ったとき「高校生やからできることはない」と言われたことが印象に残っている。

初日に、一軒一軒訪ねて回って、最後のお宅を訪ねたとき、そこのおうちの人に「高校生やからできることはない」って言われました。環境防災科だし、せっかくこういう機会を与えてもらって行っているから、役に立てたらなっていう気持ちで行ったんですけど、パッとそういう現実をつきつけられると、「あぁやっぱりできることは、ないんかな」って

これに対して、環境防災科で防災を専門に学んできたことを少しでも活かせるのではないかと野村さんは、あきらめずに交渉した。

でもちょっとねばって、そのお宅で活動させてもらったんです。マットを洗ったり、いろいろして、結局そのお宅では2日間活動させてもらって、休憩時間とかに被災のお話を聴かせていただいて、最後には「ありがとう」って。「ちょっとでもできることがあったんかな」って嬉しかったです。（野村ゆず、舞子高等学校）

五つめは、これからにどう活かすかという視点である。舞子高等学校の西尾栄美さんは、東松島や石巻の高校生とのワークショップを通して、震災を経験した中高生の声に耳を傾け、それを活かしていくことがまず大切だと思うようになった。

たとえば石巻の子が「いっぱい言いたいことがあるんですけど」っていったその「いっぱい」のことを自分の防災に取り入れていくのが大事やなぁって。これからの東日本大震災の支援では、実際に経験した中高生の意見を活かしていくべきだと思います（西尾栄美、舞子高等学校）

同世代が果たした役割を読むことは、まだ動いていない中高生を動かすことにつながるのではないか、という指摘もあった。

インタビューが冊子になったものを見て、やったことのない高校生や中学生がこういうボランティアにまた参加してどんどん増えていったらいいな（佐々木智、田尻さくら高等学校）

ぼくたちは環境防災科で防災を学んでいますが、自分がどうやって動いていいかわからないっていう同世代の高校生にぼくたちの記録を読んでもらって、「自分達の世代にもこういうことができるんだ」って知ってもらって、行動に移すきっかけになってもらったらいいな（戸高幸星、舞子高等学校）

気仙沼で被災を経験した吉田祥さんは、中高生にこそ記録を読んでほしいという。

中高生は、一番傷つきやすい年齢だから、同じ経験をしてほしくありません。今自分達にある悲しい感情をまた繰り返してほしくない。そのために記録を読むことで経験を追体験して、同じ経験をしないようによりよくしてほしい。（略）1000年に一度といわれるかもしれないけれど、1000年に一度のときに動ける人間になってほしいです（吉田祥、大学生）

同世代や次世代の人に活かしてもらいたいというのは、環境防災科の太田直さんである。

同世代の方にまずいっぱい読んでほしいなと思います。同世代ががんばっているとそれだけで自分も力になるので。つぎに次世代の人にも見てもらいたいです。私も阪神・淡路大震災の年に生まれて、阪神・淡路大震災のときに活動していた方のお話を伺ったりして、防災について学んできた。防災をやっているから、次にも何かが来るって思える。絶対に起こるって。こうやって防災を学んでいなかったら「次、来るわけないやん」って思ってしまっているかも知れないので、同世代や次の世代の人に、防災をもっともっと「絶対に来る」って備えてもらえたら（太田直、舞子高等学校環境防災科）

世代を継承することと同じくらい、地域を広げて行くことが大事だと指摘するのは同じく環境防災科の北川操奈さんである。

私たちは阪神淡路があった神戸で生まれ育ったので、小学校のころから「しあわせはこべるように」とか歌って、避難訓練するっていうのは当たり前みたいな感じでした。でもちょっと離れた所だったらその歌すらも知らなくて、本当にすごい近い距離なのにそれすらもないんやって感じました。確かに次世代に伝えるのも大事だけど、場所、地域を広げていかないと、やっぱり他人事になっちゃうんで、他の地域に伝えることが大事だなと思っています（北川操奈、舞子高等学校環境防災科）

小括

東日本大震災後に中高生が果たした役割は、日常生活のなかでは体験しにくいことがらであった。役割の内容もそのきっかけもさまざまではあるが、多くの中高生が、おとなから頼られ、責任を果たしていくことで自信や達成感を得ていた。[9] ときにはうまくいかず、自らの無力さに気づくこともあったが、自分の考えや経験を捉え直す機会として機能している例もあった。役割を果たすことを通して、自分自身や身近な問題から、まち全体、社会へとより広い世界へ目を向けていくようすも見て取れた。

9　たとえば、周りは誰も知らないので反応は特になかった、と答えた中高生であっても、自分の成し遂げたことが目に見えることで「役立てて良かった」（報告書、45頁）、「たっせいかんがあった」（報告書、50頁）と答えている。

4　結論―問題解決のパートナーとしての中高生―

中高生の震災体験とアイデンティティ感覚の形成

以上を踏まえて，東日本大震災の体験が，中高生の発達にどう影響したのかを考察する。

溝上慎一によれば，エリクソンは「「私はどこから来てどこへ行くのか」という過去から未来への自己の連続性，すなわち自己アイデンティティ（self-identity）」と「「これが私だ」という自己定義が他者や社会から是認されるという心理社会的アイデンティティ（psychosocial identity）」の二つの絡み合いにより，全体感情としての「アイデンティティの感覚（a sense of identity）」が形成されると考えた（溝上 2010：110）。

自己アイデンティティに関して，舞子高等学校環境防災科の生徒たちがよく口にした「私たちは阪神・淡路の年に生まれた」という言葉が象徴的である。彼らは，阪神・淡路大震災の年に生まれ，「被災地」である神戸で育った。阪神・淡路大震災のときはたくさんの人に助けてもらった。だからこそ，今度は自分たちが東北の復興を支え，防災を広めていきたいのだと語る。「継続性」という言葉もよく耳にした。一度のボランティアではなく，継続的に役割を果たしていくなかで，自分自身をとらえ直していくありさまは，多くの中高生に見られたことであり，自己アイデンティティ形成につながっていると考えられる。

心理社会的アイデンティティに関しては、震災前と震災後で自分の住むまちに対する認識が変わったという例が挙げられるだろう。山田町の高校生、山田優人・秀人さんきょうだいは、地場産業である漁業が震災で危機に瀕したときそれを手伝ったが、おとなたちから「明日はくんだべか」と頼りにされた経験を通して、山田町にもっと貢献していきたいと感じるようになってきた。気仙沼で避難所を開設・運営した吉田さんは、その活動を通して「気仙沼で活動している多くの人」に出会い直しをした。震災前よりも気仙沼の「いいところ」が見えるようになり、故郷に対する見方が変化したことで、気仙沼のために何かしたいと、大学生となり引っ越した今もブログによる情報発信を続けている。「助かった」「ありがとう」と他者から言葉をかけられる、おとなから頼りにされることで、心理社会的アイデンティティの形成が促されている。

中高生の自己アイデンティティと心理社会的アイデンティティは、震災体験に対し「役割を果たす」ことで促され、両者が絡み合ったアイデンティティ感覚を形成することにつながったといえる。[10]

10　これと関連して、国連子どもの権利委員会は、東日本大震災のような緊急事態下における子ども参加の重要性を指摘している。それは子ども参加が「子どもたちが自分たちの生活をふたたびコントロールする上で役立ち、立ち直りに寄与し、組織的スキルを発揮させ、アイデンティティの感覚を強化する」からである。

実践と研究の課題

日常において、中高生の役割をどうつくっていくか、それが実践的な課題である。おとなに頼られ、責任を果たす体験が中高生の発達を促すのであれば、災害時に限らずとも日常生活のなかでその役割をつくっていくことが重要である。ところが、現在の社会は、子どもが社会を担っていく一員であるとは考えていない。いわば、子どもの役割がおとなによって奪われている状況である。学校教育・社会教育のなかで展開できる余地は大きい。

２００２年5月5日～7日、ニューヨークの国連本部で開催された子ども特別総会では、18歳未満の代表による会合において「私たちにふさわしい世界」が宣言された。この宣言では、搾取と虐待の被害者、ストリート・チルドレン、戦争下の子どもなど「声を聴いてもらえない子ども」たちが、世界をつくっていくにあたって子どもの声を聴いて考慮してほしいと訴える。

We are not the sources of problems; we are the resources that are needed to solve them.
We are not expenses; we are investments.
We are not just young people; we are people and citizens of this world.
私たちは問題の根源ではありません――私たちは問題解決のために必要な資源です。
私たちは支出ではありません――私たちは投資です。
私たちは単なる若者ではありません―私たちはこの世界の人間であり、市民です。

ここに込められたのは、世界中にあふれる課題をおとなだけで解決するのではなく、子どもを問題解決のパートナーとしてとらえてほしいという強い想いである。メッセージの最後の一文「みなさんは私たちを未来と呼びます。けれども私たちは現在でもあるのです。（You call us the future, but we are also the present.）」は、災害復興を考えるパートナーとして中高生をとらえているか、という視点を日本社会に突き付けている。

次に研究面での課題である。大災害のような危機的状況が生じたとき、トラウマの治療や子どもの心のケアをはじめとして、子どもをいかに保護していくかについての調査研究は層が厚い。しかし、震災という過酷な体験が子どもの発達をどう促していくのかについては、より包括的なアプローチが求められる。本章は「役割」という側面でしか論じることができなかったが、震災があってこそ生じたこれらの変容は、ＰＴＧの視点からのより詳細な分析が必要だろう。阪神・淡路大震災、中越大震災など過去の災害が中高生の発達をどう促したのかについても検証されておらず、今後の研究が待たれる。

第7章

PTGを促す子ども支援の実践知

1　序論——語られずに埋もれていく経験知——

災害などの外傷体験ののちに見られる成長を示す言葉に、心的外傷後成長（PTG：posttraumatic growth）がある。序章で述べたように、心的外傷後成長とは、外傷的な体験、つまり災害など非常に困難な人生上の危機に見舞われ、そのなかでのもがきの結果生じるポジティブな心理的変容である（Tedeschi & Calhoun 2004）。本章では、東日本大震災後に東北三地域で展開されている子どもまちづくりクラブの活動とその支援者に焦点を当て、子どものPTGのありようとPTGを促す実践知を探る。

実践知とは、「熟達者がもつ実践に関する知性」であり、認知心理学的には、学校知との対比のなかで位置づけられてきた（楠見 2012：4–10）。熟達者（expert）とは、ラテン語で「試みた」を意味する expertus から派生した語で、「経験で得た知識をもった」が元の意味である。（楠見 2012：11）。

災害後の子ども支援活動は、これといったマニュアルはなく、手探りで行われてきた。現場で子どもと向き合う支援者は、「このやり方でいいのだろうか」「もう少し待った方がいいのではないか」といった不安や葛藤に直面し、その場を凌ぎながら「あのときはこうだったから、次はこうしてみよう」と個人的経験を参照しながら支援を続けてきた。これらの経験から得られた知は、とくに意識しない限り言語化されない。

ポランニーが「我々は語ることができるより多くのことを知ることができる」と述べたように、言語化されていない経験知を暗黙知という（Polanyi 1966=1980：15）。暗黙知は、どんなに素晴らしいものであっても、そのままにしておくと誰にも共有されずに失われてしまい、継承されない。だからこそ、暗黙知を意識化・言語化し共有することで実践知を社会に拓いていくプロセスが重要といえる。

折しも、東日本大震災子ども支援活動は発災後5年を迎え、大きな課題に直面しつつある。そのひとつは、これまで子ども支援を担っていたＮＧＯ／ＮＰＯが、５年を一つの区切りとして被災地域からの撤退を始めたことである。このことが示すのは、支援者が獲得してきた実践知が語られずに埋もれてしまう危険性である。暗黙知として個々の支援者の内に潜んでいる経験知を言語化し、実践知を共有していくことは、これからの災害と子ども支援を考えていく礎となるだろう。

2 調査の概要

調査対象

対象としたのは、公益社団法人セーブ・ザ・チルドレン・ジャパンの職員として復興支援活動に従事したプログラム・オフィサー（事業担当職員）である。セーブ・ザ・チルドレン・ジャパンは世界各地における緊急支援活動の経験を活かし、２０１１年3月12日から東日本大震災緊急支援活動を開始した[1]。これまで「子どもの保護」「教育」「子どもにやさしい地域づくり」「コミュニティ・イニシアチブ」「防災（リスク削減）」「福島」の六つを柱として復興支援活動を展開してきた。

セーブ・ザ・チルドレンの支援活動の特徴は、国連子どもの権利条約を理念としているところにある。国連子どもの権利条約は１９８９年に国連総会において全会一致で採択され、２０１５

1　3月12日より、避難所を回り被災した子どもの状況およびニーズ調査を開始した。3月末からは、避難所に安心・安全な遊び場である「こどもひろば」を設置することを通して、子どもや家族の日常性の回復を促した。

年10月現在196か国が批准している国際人権条約である。国連子どもの権利条約の最も重要な要素は子どもの意見の尊重（第12条）を中心とした子ども参加である。そのため本章では、子ども参加に焦点をあてた「子どもにやさしい地域づくり」（以下、CCFC）の一環である「子どもまちづくりクラブ」の活動と担当プログラム・オフィサーを主たる調査対象とする。

調査方法と調査者の位置

① 調査方法

本調査は参加型アクション・リサーチによって実施された。分析にあたっては、2011年9月から2014年10月までの参与観察とインタビュー調査を文字化して用いた。参与観察は、2011年9月、2012年1・2月、4・5月、8・9・10・11月、2013年10月、2014年10月に、主として、子どもがいる場面で行った。子どもとプログラム・オフィサーとの関わりを中心に観察し、デジタルカメラとB5ノートにメモをとり、その後、フィールドノーツを作成した。調査については子どもたちにも説明し、許可を得てある。分析には、フィールドノーツを用いた。[2]

インタビューは、「子どもにやさしい地域づくり」に関わるプログラム・オフィサー6名をイ

2　以降フィールドノーツからの引用は、その日付とともに、（FLN：日付）と記す。

表7-1　参与観察実施日と活動内容

日付	活動内容（実施地域）
2012.1.15	石巻子どもまちづくりクラブ（宮城県）
2012.1.16	陸前高田子どもまちづくりクラブ（岩手県）
2012.2.3	山田町子どもまちづくりクラブ（岩手県）
2012.5.5	第2回東北子どもまちづくりサミット（東京都）
2012.7.3	3地域の子どもたちの世界防災ハイレベル国際会議（仙台市）における意見書提出
2012.8.8	3地域の子どもたちによるまちづくりリーダーツアー（岩手県）
2012.10.7	3地域の子どもたちによる1年間のふりかえり1（岩手県）
2013.10.6	3地域の子どもたちによる1年間のふりかえり2（岩手県）
2014.10.5	3地域の子どもたちによる1年間のふりかえり3（岩手県）

表7-2　インフォーマントの属性

インフォーマント	インタビュー実施月	SCJ活動開始月	活動地域
A	2012.7, 2013.1, 6, 12	2011年5月〜	宮城県石巻市
B	2012.7, 2013.1, 6, 2014.2	2011年5月〜	岩手県山田町
C	2012.7, 2013.1, 6, 2014.2	2011年5月〜	宮城県・岩手県
D	2012.7, 2013.1, 6	2012年4月〜	岩手県陸前高田市
E	2013.1, 6, 12	2012年4月〜	宮城県
F	2013.2, 6, 12	2011年5月〜	宮城県・岩手県

ンフォーマントとして、4期にわたって実施した。第1期は2012年7月、第2期は2013年1・2月、第3期は2013年6月、第4期が2013年12月・2014年2月である。インフォーマントには、調査の趣旨および使途を説明して調査協力の書面を交わし、その内容は許可を得てICレコーダーに録音、文字化した。時間はいずれも60分程度である。文字化したものは、本人に確認をお願いし、匿名化した。また、個人の情報に関わるものには修正を加えたものを分析対象とした。調査は半構造化インタビューとし、第1期から第4期までの共通する調査項目は、「子どもとの関わり」「子どもの変化」「支援者の変化」「不安や悩み」「課題」の5項目である。今回はA～Dを中心に分析した。

② 参加型アクション・リサーチと調査者の位置

参加型アクション・リサーチを実施していくにあたって、最も懸念されるのは調査者が子どもに与える影響、より具体的に言えば調査が子どもの権利を侵害しないかどうかである。そのため、セーブ・ザ・チルドレン・ジャパンとは、合意書を交わし、「子どもの保護指針」を遵守した。

本調査では、子どもに対するインタビューは実施していない。子どもの話し合いのようすはフィールドノーツに記録したが、研究として使用するにあたっては、子どもの考え・発言は原則としてセーブ・ザ・チルドレン・ジャパンがすでに公表した文書、報告書から引用し、子どもの権利保護に努めた。[3]

一方、支援者に対しては、参与観察やインタビューから抽出した課題はその都度セーブ・ザ・チルドレン・ジャパンに返し、現場での実践に活かせるように工夫した。たとえば、2012年6月5日、9月19日、2013年2月25日、7月9日、9月24日、2014年7月30日に実施した研修[4]において、その課題を取り上げることで、現場の職員が直面する課題を組織全体で共有し、解決に向かえるようにした。これらの調査は、セーブ・ザ・チルドレン・ジャパンの組織内では「子どもにやさしい地域づくり」事業における「モニタリング・評価」に位置づけられており、2015年現在も継続的に実施した。なお、それぞれの研修の事前調査、事後のふりかえりシートも分析対象とした。

調査と分析の視点

①子どものPTG

レジリエンスが、困難な状況やストレスに直面した際のポジティブな適応を指すのに対し、P

3 公益社団法人セーブ・ザ・チルドレン・ジャパンでは、子ども本人と保護者の了承を得て子どもの意見、写真等を文書・報告書等に記載している。そのため、あらかじめ公開されたものから引用することで、子どもの権利侵害を避けることとした。

4 このほか、2013年12月2日、2014年9月18日は、セーブ・ザ・チルドレンから石巻市に寄贈された石巻市子どもセンター「らいつ」でも研修を実施した。

表7-3　これまでの研修と課題（調査と連動したもののみ）

回数／実施日	対象者	課題
第１回　2012.6.5	プログラム・オフィサー	中長期目標の達成に向けたグッド・プラクティスの共有 失敗事例のふりかえりと共有
第２回　2012.9.19	プログラム・オフィサー、チャイルド・ファシリテーター	子どもの変化とプログラム・オフィサー、チャイルド・ファシリテーターのはたらきかけをふりかえる 子ども参加のシステム化に向けた課題の共有
第３回　2013.2.25	プログラム・オフィサー、チャイルド・ファシリテーター	子どもまちづくりクラブが直面する課題の共有 子どものエンパワーメントとはなにか
第４回　2013.7.9	プログラム・オフィサー	子ども参加のシステム化に向けた事例研究 ３地域が直面する課題を探る
第５回　2013.9.24	全職員（95名）	子どもの権利条約の視点を業務に活かすための課題抽出 各国実践における子ども参加の視点の共有
第６回　2014.7.30	プログラム・オフィサー、チャイルド・ファシリテーター	子ども参加の支援者に必要な視点について現場の課題をふまえて考える

TGは「逆境に直面したときの効果的な回避や適応を遥かに超えたポジティブな変化」である（Kilmer 2006＝2014：387）。PTGモデルでは、その子どもが心的外傷体験前にもっていた自己・他者・世界に対する見方や前提としてもっていた世界観、スキーマの変化に

重きがおかれている[5]（Kilmer 2006＝2014：394）。

そのため、子どもが、心的外傷体験とどのように向き合い、その体験を自分の考えにどう取り込み、意味を見出していくのか、その変化を見ていくことで、子どものPTGのありようを明らかにできると考えられる。具体的には、子どもと支援者が語った「震災前・直後」と「子どもまちづくりクラブへ参加した後」の「子どもの変化」に関する記述を中心に分析する。

②支援者の「ゆらぎ」

支援者の実践知の分析にあたっては「ゆらぎ」に着目した。「ゆらぎ」は、支援者が直面する不安・動揺・葛藤の総称である。「ゆらぎ」を放置しておくと支援が破たんするような危機的状況をもたらす一方で、変化・成長・再生の契機ともなりうることが知られている（尾崎 1999：19）。「ゆらぎ」は省察を通して意識化され、それに向き合うことで「ゆらがない力」としての現場の専門性を獲得することが可能となる（尾崎 2002：380-385）。これは、暗黙知を意識化するプ

5　PTGを遂げるには、「失ったものと得たものの両方を同時に認識できるような、ある程度の洗練された認知力が必要」である。そのため発達途上の子どもにPTGのような成長が出現するかどうかははっきりしていない（Cryder et al. 2006）が、子どもがもっている世界観は大人のものよりも柔軟であり、この時期の「新たな経験やそこから得られるポジティブおよびネガティブな結果を自らのなかに徐々に取り込んでく」と考えられている（Kilmer 2006＝2014：388）。

ロセスでもあり、実践知を析出させる端緒となる。

分析にあたっては、支援者がインタビューのなかで「不安や悩み」「課題」として語ったこと、支援者自身の子ども観や支援観の変化に関する語りを「ゆらぎ」とみなして抽出した。「不安や悩み」「課題」は、明確に意識されていないことも多いため、「どうすればいいかわからない」「これでいいのか」といった言葉にも着目した。

3　子どものPTGのありよう

子どもまちづくりクラブの展開

子どもまちづくりクラブが、子どもの声から始まったことはすでに第5章で述べた通りである。宮城・岩手の2県5地域からなる小4〜高校生1万人を対象とした「子ども参加に関する意識調査」（2011年5月24日〜6月4日、公益社団法人セーブ・ザ・チルドレン・ジャパン実施）の結果、「自分のまちのために何かしたい」と答えた子どもは約87%、「自分のまちをよくするために、人と話をしてみたい」が約77%と高い数値を示したことを受けて、2011年6月に子どもまちづくりクラブが始まった。子どもまちづくりクラブでは、宮城県石巻市、岩手県陸前高田市、山田町の三地域において、子どもたち自身が地域のまちづくりに関しての話し合いを重ねてきた。メ

写真①　子どもまちづくりクラブのふだんの活動のようす（提供：セーブ・ザ・チルドレン・ジャパン）

ンバーは、小学生から高校生世代の子どもたちであり、チラシをみたり、友達に誘われたり、リーダーツアーや地域報告会をきっかけに参加するようになった子が多い。1、2週間に1回、2~3時間程度定期的に集まる。参加者が一〇人以上いるときもあれば二、三人の日もある（写真①参照）。これまで、2011年夏に子どもたちが復興後のまちを描いた「夢のまちプラン」実現に向けて、「地域報告会」や「東北子どもまちづくりサミット」などを開催しつつ、継続して活動を展開している（津田 2011：63-64）。

山田町では特産品の「まつたけ」と「しいたけ」から考えた「まつしい」を考案しゆるキャラグランプリにエントリーしたり（2012年）、阪神・淡路大震災の復興に取り組んでいる団体に学んだ「神戸の郷土カルタ」をヒントに「山田町カルタ」づくりを行ったりしている（2013~2014年）。カルタ大会には地域のおとなや子どもが多く参加している。

陸前高田市では仮設商店街への「ミニあかりの木」の設置（2012年）や、陸前高田災害FMなどで自分たちの声を発信した（2013年）。「進め！高田っ子！まちづくりフォト★」では、陸前高田の「今」を東北内外に発信するとして、子どもたちがまちに飛び出し写真を撮影、クリアファイルにして配布した（2014年、写真②参照）。

石巻市では、2011年秋から子どもセンターを企画・設計してきた。コンセプトを「石巻の活性化のために中高生が中心となってつくり、運営していく施設。みんなが過ごしやすく、子どもの想いを世間の人たちに伝えられる場所」とした（2012年）石巻市子どもセンターは2014年1月に開所し、現在、子どもの声を活かして運営がなされている。

これと並行して、復興計画に子どもの声が取り入れられるよう政策提言も行ってきた。3町市および宮城・岩手県（2011年12月）、復興庁（2012年2月）、世界防災閣僚会議（2012年7月）にそれぞれ子どもたちの作成した意見書を提出した。

写真②　陸前高田市の「今」を発信する
（提供：セーブ・ザ・チルドレン・ジャパン）

2015年3月に仙台市を中心に開催された国連防災世界会議本会議分科会「Children & Youth "Don't Decide My Future Without Me"」では、これまでの活動を活かして山田町の外舘ひなたさんがスピーチを行っている（写真③参照）。

岩手県山田町は、東日本大震災により津波と火事の被害に遭い、ひなたさんの住む海から離れた地域に津波に見舞われた人たちが避難してきた。ひなたさんは、震災直後のある経験について語った。「いろいろな物資が来て、停電や、お店

写真③　スピーチをする外舘ひなたさん（提供：セーブ・ザ・チルドレン・ジャパン）

が開いていなくて困っていた私たちも、生活に必要な物資を受け取りに避難所に行きました。その時、私たち「津波の被害にあわなくて家が無事だった人たち」は、「津波の被害にあって、家を失い避難してきている人たち」にこう言われました。「あなたたちには家が残っていていいじゃないか。どうして物資をもらおうとするんだ?」と」この経験は、ひなたさんにとってすごく辛かった。それ以来、他の被災者から差別的な目で見られるんじゃないかと恐怖に押しつぶされて、ひなたさんは家からでなくなっていった。そんなとき出会ったのが山田町子どもまちづくりクラブであった。

同年代の子どもたちが町の復興を考え、県や国に意見を出している。「ここしかない、ここなら自分を変えられる。震災としっかり向き合っていける」と思ったという。山田町のよさを知ってもらおうとつくった「山田町カルタ」や復興整備事業に対する提案など、子どもまちづくりクラブの活動を通して、ひなたさんが訴えたのは「行政をはじめとするおとなに子どもが復興に向けたまちづくりに参加できる機会やきっかけの提供」である。そして「子どもだからこそできることがあると思います。子どもの力をおとなに認めてほしいです。子どもがおとなから学ぶことがあるように、おとなが子どもから学ぶこともあると思うのです」とスピーチした。[6]

２０１５年３月18日に採択された「仙台防災枠組２０１５－２０３０」では、「V．ステークホルダーの役割」パラグラフ36（a）（ii）において子どもと若者が位置づけられた。[7] ここでは、「子どもと若者は、変革の主体（agents of change）であり、法律や国の施策、教育カリキュラムに沿って、災害リスク削減に貢献できるよう、場や機会を提供されるべきである」と記されている。これはセーブ・ザ・チルドレンを初めとした国際ＮＧＯのはたらきかけにより挿入されたものであると考えられるが、子どもまちづくりクラブの活動は、まさに変革の主体としての子どもと言うにふさわしいものである。

子どもの変化

とはいえ、「変革の主体としての子ども」は、活動当初から見られたものではなかった。はたして子どもたちはどのように変化していったのだろうか。たとえば、山田町のある女子中学生（２０１３年当時14歳）は、「震災後外に出るのが怖くて、外に出てる間に地震あったらどうする、津

6　２０１５年３月17日（火）に実施された第３回国連防災世界会議・本体会議分科会Children & Youth “Don't Decide My Future Without Me” の外舘ひなたさんのスピーチより。

7　Sendai Framework for Disaster Risk Reduction 2015–2030, A/CONF. 224/CRP. 1, p. 20

波きちゃったらどうする、家族に何かあったらどうする」と考えてしまい、家から出ることができず、ずっとネットに依存していたという（子どもまちづくりクラブ 2013：20）。そんな娘をみた母が、山田町子どもまちづくりクラブの報告会に連れ出してくれたことからようやく外に出ることができるようになった。子どもまちづくりクラブでは、子どもが話し合いの中心であったため、急かされることなく自分のペースで少しずつ、怖がらずに意見を言えるようになった。やがて、活動が楽しくなっていったという〔FLN：2013. 10. 6〕。多くの子どもたちは、活動開始当初はほとんど自分から発言しなかった。

山田町の子は最初の頃、みんな写真を撮られるのも嫌だし、発言するのもすごいシャイだった。（2011年8月に開催された）子どもまちづくりリーダーツアーでも、地域でかたまってしまって、なかなか他地域の子たちとしゃべらなかった（B 2013. 1）

これに対して山田町を担当したBは発言を強制せず、ゆっくりと言葉を待った。その結果「劇的にというよりも徐々に徐々にという感じ」で変化していった、それは「メンバーの中で信頼関係ができてきて、言っても大丈夫っていうのがでてきた」（B 2012. 7）からであり、「子どもの居場所」になってきているようであった、という。

学校では勉強ができないだったり、長続きしないっていわれているんですけど、子どもまちづくりクラブの方には継続的に関わってくれて。なにかしら、その子だったり他の子の居場所になってきているのかな（B 2013. 1）

石巻子どもまちづくりクラブを担当するAによれば、最も変化したのはNくんだという。

Nが最初に来た時、ただ来ているだけ、お菓子を食べているだけ、来ても「眠い、疲れた」しか言わなかった。しゃべっても「うーんよくわからない」という感じでした。（A 2012. 7）

Nは「眠い、疲れた」しか言わず、活動にも積極的に参加しているようには見えなかったが、毎回休まずに子どもまちづくりクラブに顔をだす。時には友達を連れてくることもあった。そのNに変化が現れたのは、2012年5月に開催された第2回東北子どもまちづくりサミットの前あたりからであった。なぜか誰よりも早く活動に来るようになった。とはいえ「発言はまだ出なかった」。ところが、第2回東北子どもまちづくりサミットの後には、自分から「変わった」と言い始めたという。

「おれ最近、疲れたとか眠いとか言わなくない？」と自分で言って。「楽しいんだよね」「お

れすっげぇ変わったんだ」ってチャイルド・ファシリテーターさんに説明している。（A 2012. 7）

そして、「今度は誰が来るの？」とAに尋ねるようになり、毎回1時間前には来て準備をし、最後までずっとAと一緒にいる。片付けの合間などに、「今日は何をやったとか、家のこととか全部」話してくれるようになった。

このような変化をみせたNであったが、学校ではそれほど積極的に動く生徒ではなかったようである。

高校に世界防災閣僚会議で公欠申請をしたら、担任から「うちのNで大丈夫なんですか？」って。だから「子どもまちづくりクラブの活動では、Nくんはみんなの意見も引き出してますし、本当にすごいんですよ」とお話したら「あぁ、そうなんですか。活動の内容はNから聴きます！」って（学校の先生が興味を示してくれた）。（A 2012. 7）

Nはその後も一番に活動場所に来て準備をし、活動では年下メンバーの発言を促し、部屋の片付けをして帰っていくようになった。この変化は、Nだけのものではなく、「そういう子がたくさん」いた。そして親に、子どもまちづくりクラブで「話すことが楽しいとか、考えることが楽しい」と話し、「ここに来ると元気になる」と報告してくれる保護者もいるという（D 2012. 7）。

三つのルール

このような変化をもたらした要因の一つとして、子どもまちづくりクラブ開始前に必ず確認する「参加」「守秘」「尊重」の三つのルールが挙げられる。プログラム・オフィサーやチャイルド・ファシリテーターは、話し合いに際して子どもたちが「参加」「守秘」「尊重」を守るよう環境を整えていくことが大原則であり、ルールを忘れそうになった子に対しては「あれ、三つってなんだったっけ?」と思い出すように促していた〔FLN：2012. 1. 2〕。

「参加」「守秘」「尊重」を守ることとは、自分勝手に過ごすこととは異なる。ある日、話し合いの最中に、何人かが携帯電話をいじって音楽を聞いたりしていることに気づいたYは、お互いが尊重される環境をつくるために言いにくいひとことを発した。

> 「ここは学校ではなくて自由な場所だけど、でもいま携帯はだめだよ」って。「とりあえずマナーモードにしなよ」ってYちゃんがいって。言われた子がしゅんとなって。でも、(しゅんとなった子も) 子どもたち同士でメリハリをつけようってなった。（A 2012. 7）

メンバーには、活動参加前は発言するのが怖かった、言いたいことがあっても言わなかったという子が多い。ところが、子どもまちづくりクラブには「『参加』『守秘』『尊重』というルールがあり、否定をすることがなくみんなが尊重してくれる」から自分の意見を話せるようになったのだという（子どもまちづくりクラブ 2013：19）。開始から2年が経過した頃には、子ども同士で三つのルールを確認する姿も見られた〔FLN：2013. 10〕。また、年長の子どもたちが、年下の子どもの発言を「尊重」し、言葉を「待つ」場面が見られた。

高校生になった子たちは、とくに、自分達が中心になって発言したいのをちょっと抑えて、みんなが言わないときはキーワードを言ったり。自分の言葉を抑えて、中学生の言葉を待っている（A 2013. 2）

このような環境は、メンバーにとって「みんなの意見が育つ場所」だといったのは高校1年生女子（2012年当時）であった。2012年10月、1年以上活動してきたメンバー有志が活動のふりかえりを行ったときのことである〔FLN：2012. 10〕。

私は、少し前まで、意見を言うことが怖いと思っていました。否定されるのが怖かったのです。でも、この子どもまちづくりクラブでは、だれのどんな意見も否定されることがなく、その意見の良いところをきちんと認め、足りない部分を補い合っています。まさに〝みんなの意見が育つ場所〟なのです。みんなのアイディアのよい部分が一つになっていくことでアイディアはより深く、良いものへと変わっていきます。そして、それを外部に発信することは、今のまちに良い影響を与えると思います。（活動歴15か月、高1、女子）

（子どもまちづくりクラブ 2012：19-20）

この高校1年生女子は、震災前・直後までは「意見を言うことが怖い」「否定されるのが怖い」と思っていた。これに比し、子どもまちづくりクラブでは「だれのどんな意見も否定されないこと、お互いを尊重しながら意見を言い合えることで、「意見の良いところをきちんと認め」「足りない部分を補い合って」いる。そして、みんなの意見でアイディアがより深く、よりよく変わっていくことを実感するに至っているが、「意見を言うことが怖い」というこれまでの前提と比べると非常に大きな変化といえる。

被災地の子どもっていうな

「参加」「守秘」「尊重」を土台とした活動は、やがてそれまでの子どもの自己認識に変容をもたらした。

２０１２年の活動のふりかえりのなかで出てきた言葉に「いつまでも被災地の子どもっていうな」というものがあった。大手メディアが、枕詞のように「被災地の子どもたちが」と報道する。

それに対して、中学1年生の男子（２０１２年当時）は、怒りをあらわにしていた〔FLN：2012.10〕。

ぼくたちが被災地の子どもと呼ばれるようになったのは、３・11のときです。最初は何が起きているか分からない、現実を受け止められませんでした。震災から３か月経ったときに被災地の子どもたちと言われて悲しいこともあったけど、まだ、震災から３か月だからしょうがないと思いました。でも、震災から１年半以上たった今でも、まだ被災地の子どもたちと言われるとは思いませんでした。東北のぼくたちだって、自分の町をよくするためにできることがあるんです。被災地の子どもたちと言い続けないでください。（２０１２年当時　中１、男子）

（子どもまちづくりクラブ 2012：18）

２０１２年当時、メンバーのなかには、仮設住宅に暮らす子が少なくなかった。子どもは甚大な被害を受けた当事者である。しかし、「被災地の子ども」と呼ぶとき、想起されるのは傷つき、力のない、守られる対象としての子ども像である。３・11の直後は「何が起きているか分からない、現実を受け止め」られない状況であったかもしれない。しかし、仲間同士で復興のまちづくりに関する話し合いを重ね、おとなに支えられることを通して、被災を経験した自分たちだって「自分の町をよくするためにできることがある」のだと自己をとらえ直すようすが見て取れる。

2014年10月のふりかえりの場では、子どもまちづくりクラブの活動と自分の将来を重ね合わせて語る子どもがいた。いろいろ考えて、大学に行きたいと思うようになったというのは、高校1年生の女子（2014年当時）である〔FLN：2014. 10〕。

東日本大震災により私たちの東北は多大なる被害を受けました。津波の被害を受けたところではヘドロが一面にあり長靴でしか歩けない状態だったり、震災1か月を過ぎてもまだ生活の基盤を整えることができませんでした。自分にできることなんてないと思っていました。それが変わったのが子どもまちづくりクラブに参加するようになってからです。参加しはじめた2011年、それが今の私の基盤になりました。考えること話すこと伝えること、それらすべてが楽しいと思えるようになりました。いろいろな人と話し合い、触れ合ったりすることによって私は自分の将来について考えを改めることが多くなり、大学に行きたいと考えるようになりました。

震災直後、どうせ自分には何もできない、被災した生活を受け入れるしかないと思っていた彼女は、子どもまちづくりクラブの活動を通して、被災した人自身が声を発信することの重要性を感じるようになった。

私が復興について思うことは、まず被災した人たちが声を発信しなければ現状は変わらないということです。行政に何をしてほしいか要望を出すことにより行政は被災者が何を望んでいるのかようやく分かるようになると思うからです。何もしていないのに不平不満をもらすのは間違っていると思うし、知らないことを知ることによって何をしたらいいのか分かるようになると思うからです。だから私は私たちの活動に興味を持ってもらえるように、伝えていくことが一人ひとりの役割だと思います。（2014年当時　活動歴3年、16歳、女）

（子どもまちづくりクラブ 2014：19）

子どもまちづくりクラブの活動が、2年、3年と経過するなかで「大学でまちづくりを学びたい」「世界にこの町のことをもっと伝えたい」という声をよく耳にするようになった」（子どもまちづくりクラブ 2014：19）。自分のまちをもっと知ってほしい、まちの役に立ちたいという思いもまた、震災前には見られなかったことである。

小括

震災前から直後にかけて「意見をいうことが怖い」「自分にできることなんてない」「被災地の子どもっていわれてもしょうがない」と思っていた子どもたちが、子どもまちづくりクラブの活動を通して震災と向き合い、復興のまちづくりについて何度も考えるなかで、「自分たちにもできることがある」「被災地の子どもって言うな」ととらえ方を変化させていった。この変化の土台には、子どもまちづくりクラブが徹底してきた「参加」「守秘」「尊重」の三つのルールがあった。

ＰＴＧプロセスの鍵は、「支持的な他者（supportive others）」である。「支持的な他者がいることで、サバイバーは語り（ナラティブ）を構築したり、心的外傷体験に対する新たな考え方を獲得したりできるようになり、ＰＴＧプロセスが促進される」と考えられるからである（Calhoun & Tedeschi 2004）。より具体的には「家や学校、あるいは地域のなかにおいて、理解があり、温かく、様子の変化にすぐ気づいてくれるような他者からのサポートを実際に得られることは、子どものＰＴＧプロセスを促す」のである（Kilmer 2006＝2014：399）。「参加」「守秘」「尊重」の三つのルールは支援者はもとより子どもたちも互いに「支持的な他者」となる土壌をつくっていったと考えられる。

とはいえ、三つのルールは、話し合いの場で子どもの権利侵害を生じさせないための最低限のルールである。これだけでは、「支持的な他者」を生み出せない局面もあった。「参加」「守秘」「尊重」と言っているにもかかわらず、子どもたちが話を聴いてくれない、意見を言ってくれない。そんな場面に直面した支援者はどう対応したのだろうか。

4　支援者のゆらぎとPTGを促す実践知

子どもたちの「お試し」行動

Dは、前任者の離職により2012年4月に着任した。他のプログラム・オフィサーに比べて9か月遅れのスタートとなったDは、2012年7月のグループ・インタビューで「落ち込んでいた」と語った。

　ちょっと落ち込んでたんです。…"I don't like D." ってふりかえりシートに書かれて。一生これ残るんですけどって。それはいやですね。なんでかっていうことは聞きましたが「これは別に」って（子どもに言われて）。（D 2012. 7）

　ふりかえりシートには、その日あった活動についての感想を記入することになっている。ところが、子どもたちが書いたのは「I don't like D」という言葉だったのだ。

　これに関してAは「Dが来る前にKちゃんがいて、Mちゃんがいて、プログラム・オフィサーが三人代わっている」ことを挙げている。人が代わるたびに子どもたちは「この人は信頼できるか」と、おとなを試す。だから、しばらく続けていけばそのような「お試し」もなくなるのではないか。加えてBは、子どもがおとなを試す行動は悪いことではない、という視点を提示した。

そういうのがないと学校と同じになっちゃう。みんな学校ではたまっているし。学校と同じだとつまんなくなっちゃう。でもやっぱりここは学校とちがう。いいことも悪いことも言えるんだっていうことがわかればもっといろいろ言ってくれるかな。（いらだちをぶつけるとしても）参加してくれるというのは、興味があるからかな。（B 2012. 7）

Dを試すような言動はまだあった。陸前高田市子どもまちづくりクラブのなかで、みんなで話し合って決めたことに対して「わたしそれでOKなんて全然言ったことないよ」という意見が子どもから出てきたのであった。これに対してDは、この意見に頭を悩ませた結果、何を話し合ったのかがすぐわかるような「手書きのプリント」を作成し、電話でも子どもとやりとりをするなどさまざまなかかわり方を模索していった。それでも関係性はなかなか変化しなかった。

子ども観の変化

子どもとの関係性が変わったとDが感じたのは、D自身の子ども観が変化しはじめてからだったという。2012年当時、Dが頭を悩ませていたことの一つは「ファシリテートと誘導の境目がわからない」ということであった。子どもまちづくりクラブは子ども中心の活動であって、子どもを誘導してはいけない。しかし、何が誘導で何がファシリテートなのかがわからない。だから「どうすればいいか教えてほしい」と他のプログラム・オフィサーに問いかけていた（D 2012. 7）。

ここで、子どもを誘導する、という言葉の背景に着目したい。そこには、誘導される存在としての子ども観が透けて見える。「誘導する―される」という支援者と子どもの構造である。これに対して、AやBは、おとな側の考えと子どもの考えが異なる場合、「こういうこと？って子どもに聞くと、そうじゃないんだよね」と返ってくることも多いと述べて、意見をいえる存在としての子ども像を何度か提示した（A・B 2012. 7）。自分だけで抱え込まず、子どもたちに直接聞いてみたらどうかとAとBは提案したものの、Dは腑に落ちないようであった〔FLN：2012. 7〕。

Dに変化が生じたのは、２０１３年１月のインタビューであった。Dは、開口一番「２０１２年の１年間を一言で表すと力不足っていうのが一番大きかった。自分の力が全然足りなかった」と、率直に語っている。そして一番の変化は自分の子ども観の変化だという。

> 自分の子ども観が変わった。それから、前よりはすごくポジティブな見方をするようになったと思うんです。（D 2013. 1）

具体的には以下のようなことであった。

もともと「支援してる」っていう、「してあげてる」にはいかなくても「してる」っていう感じだったんですけど、そうじゃなくて「一緒に活動してる」っていうふうに考えていいっていうふうに変わりました。（D 2013. 1）

本来、支援は一方通行ではない。「支援される人がどういう状況に置かれており、支援行為がどのように受け止められているかをフィードバックして、支援される人の意図に沿うように自分の行為を変える」必要がある（今田 2000：14）。その意味で、支援は双方向の営みである。

このことに気づいた直接のきっかけは、商店街に燈を灯すオブジェクトである「ミニあかりの木」を作成する際の予算の問題であった。子どもに予算の話をするべきかどうか迷っているDに対し、チャイルド・ファシリテーターの一人が「シビアかもしれないし、おとなの話かもしれないですけど、普通に相談したらいいじゃないですか」と言った、そのひとことで気づいたのだという。

別に子どもだからこういういい方はしない方がいいんじゃないかとか、こういう話はしない方がいいんじゃないかとかじゃなくて、判断材料を提供するってこと。今も十分できてはいないんですけど、前よりかは情報共有して選んでもらうっていうふうなやり方ができているかなって。（D 2013. 1）

Dを悩ませていたのは「子どもにお金の話をするべきじゃない」という価値観であった。このことを、子どもの権利の視点でとらえ直したとき、支援者がすべて決めるのではなく、子どもに情報を提供し、一緒に考えるという方法があることに気づいたという。同様のことは、メンバーが辞めたいといったときにも起こった。

FとKが辞めるって言ったときに、Kは来てくれたんですよ。そのときに、次のステージの内容を伝えなかった。それは、今更どういうことをやるって言われても辞めるだろうなって勝手に思い込んで、判断材料をきちんと渡さずに、言わなかった。（D 2013. 1）

「次に何をするか、（FとKに）言った方がよかったんじゃない」と同僚に言われ、「勝手にこっちで推測してしまった」ことに気づいたという。活動を辞めることに対して十分な判断材料を提供できなかったことは、単に情報を提供しなかったことを意味するのではない。それは、最初から辞めると決めてかかってしまったことで、「子どもが判断するために、どんな情報が必要か」「子どもにとって最善の利益を保障するためにはどんなはたらきかけをすればいいか」を考えなかったことを意味する。つまり、自分には子どもを権利の主体としてみる「視点がない」ことに気づいたという（D 2013. 1）。

子どもを権利の主体としてみる、という視点は、ふりかえりの促し方にもつながっていった。

子どもたちが震災と向き合い、復興のまちづくりについて考え続けていくためのふりかえりに関して、支援者がどんなはたらきかけをしてきたのかを次に見ていく。

ふりかえりを促すはたらきかけ

子どもまちづくりクラブでは、話し合いの前に「三つのルール」を確認するのと同じように、活動の終わりには「ふりかえり」を行う。一日の活動をふりかえって、それぞれが感じたことや考えたことを紙に書いたり、発言したりする。また、次の活動の最初にも、前回どんな活動をしたかをふりかえる。

活動は、毎回「うまくいく」わけではない。衝突をしたり、計画を変更せざるをえなくなったり、「うまくいかない」こともある。うまくいったときもそうでないときも、子どもが震災と向き合い考え続けていくためには、「何をもってうまくいったかを考えるか」を含めて、子ども自身がふりかえりをするようなはたらきかけが必要なのではないかと、Bは述べる。

子どもたちのなかで、自分のなかであぁこうなんだって考えてもらえるような声かけ、というのは心がけてはいるんですけど。そうでないと（ふりかえりが次の活動に）つながらないと思うんですよ。そのときは聞くんですけど、そのあとまた元に戻っちゃうので。（B 2013. 1）

Bは、子どもだけでなくプログラム・オフィサーやチャイルド・ファシリテーターに対してもどうすればいいのかを考えているという。

こっちが何でもお膳立てするのではなくて、あの子たちがいろいろやって動いてきたから、次につながったっていう成功体験もあの子たちだし、自分のなかで改善するのもあの子たちだし。それをどう促していくのか、というのは私自身も課題です。子どもたちが経験を自分のものとするためにプログラム・オフィサーやチャイルド・ファシリテーターにどう声かけをしていくのかというところも課題かな。（B 2013. 1）

「子どもたちが経験を自分のものとする」ためには、支援者が先回りしてすべてお膳立てしてしまってはいけない。成功体験を次にどうつなげていくかも、失敗をどう改善すればいいかも、子どもたちが考えることが求められる。そのためには、子どものふりかえりを支援者がどう促すかが重要である、とBは考える。ふりかえりの重要性は、事業内でも共有されており、毎年10月には、1年間の活動をふりかえる会を子どもまちづくりメンバー有志で実施してきた。

加えて、子どもだけでなく、自分や同僚が支援行為をふりかえるためにどんな声かけが必要なのかも模索しているという。

このように「子どもにやさしい地域づくり」事業チームでは、各地域での活動ごと、事業の区切りごとにふりかえりを行ってきた。第3章で論じたようにふりかえりは「ゆらぎ」を生み出す契機となる。しかし，個々の支援者が単にゆらぐだけでは，支援者のなかに言語化できない不安や葛藤が「もやもや」として溜まっていくことがわかってきた。

日々の職務で「もやもや」したことなども相談できるようになればいいな…。（A 2012. 9 研修ふりかえり）

聞きたいことはたくさんあるんですけど…（略）。業務の中の根本的な自分の悩みみたいなものがクリアできていないと，業務にも影響が出てきて。…なんか私も（上司に）聞く勇気がなくて。（A 2013. 1）

自信がないと聞けなくなっちゃってて。…こんなちっちゃなこときいていいのかな。忙しい時にごめんなさい，何回も同じこと聞いてごめんなさいとか。（A 2013. 1）

ゆらぎは，そのまま放置すると，支援者に危機的状況をもたらすこと（尾崎 1999）が知られているが，このときのAはまさにその状況であった。前述したように，石巻子どものまちづくりクラブでは，「三つのルール」を大切にしながら話し合いを重ね，Nくんのように自発的に動く子どもたちが多く見られるようになっていった。ところが，これと同時期に，支援者であるAは不安や葛藤に直面し，同僚や上司に対し「聞きたいことはたくさんある」にもかかわらず「聞けなく」なってしまっていた〔A 2012. 9～2013. 7〕。

「ゆらぎ」を言語・記録化し、共有する

この時期、調査全体を通じて気づいたことは、インタビューなどふりかえりの場面に自分のノートを持参し自分のルールに従ってメモをとる職員と、メモはとるがそれが散逸してしまう形の人、メモを全くとらない人に分かれることである。そして、ノートを丁寧にとる人は、それを何度も読み返し、気づくことが多いという。たとえば、子ども観が変化したDは、ノートを見返すことで自分の支援に足りない点を意識化していった〔FLN：2013. 1〕。

書いているのを後で読み返した方がすごく気づきが大きいと私は思います。書いたときって結構それしかない、思考が偏っているじゃないですか。後で見たら、私このとき、こんな風に思っていたんだ、と客観的に見れる。そういうのはありますね。（D 2013. 1）

重要なのは、単にノートをとることではない。それが、省察的実践（Schön, 1983＝2007）となっているかどうかである。気づいたことをメモするとき、支援者は自分の内にある「ゆらぎ」を言語化し、記録化するというプロセスをたどる。そのメモを何度も読み返すことは自分の支援行為をとらえ直すことを意味する。

そこで、自分の支援行為ははたして子どもの最善の利益にかなうものになっていたのかという問いが生まれる。記録を読み返しながら「自分ではうまくいったと思っていたけれど、子どもにとってはどうだったのだろうか」と考える。このことは、Dの子ども観の変化にも影響した（D 2013. 1）。

これに対し、「ゆらぎ」をなかなか次のプロセスに活かせずに苦労していたのはAである。

常に問題があって、それをクリアしたと思って、また同じことが発生して。過去のノートを見ようとしても、混乱しちゃうんですよ。（A 2013. 7）

Aの直面する問題とは、たとえば「大事なことがメンバーに伝わっていない」（A 2013. 7）ことである。２０１３年６月、石巻市子どもセンターの起工式の準備の日、Aは子どもたちに対して、声を張り上げて話をしてしまったという。

携帯いじってたりとか、男子同士で話しちゃったりとか。こっちは反応がないからすごく不安になっちゃって。最近そういうこととかで、声を張り上げても、伝わらない。（A 2013. 7）

声を張り上げたからといって、子どもたちが主体的に動くようになるわけではない。限られた時間のなか、話し合いが進まないことがたびたびあった。当時を振り返って、Aは以下のように述べる。

大変でした。もうやめようかなとか。正直ね。このままやっててもみんなにも迷惑かけてるし、私も何のためにやってるんだろうと思いました。でも、原因が何かはわからなくて。（A 2013. 12）

そこでAは、研修でお互いのノートを見る機会があったことを契機に、ノートとの向き合い方を見直した。まず、自分の過去のノートを見返して「ただ書いているだけ」「ただ文字を並べただけ」で何が課題なのか全く分からなかったことに愕然としたという。

このとき、Aが参考にしたのはBの記述である。

議事録を読んでいても見えるんですよ。Bの議事録を読んでいると、子どもが。（A 2013. 12）

Bの記述は、子どものそのときのありようや変化、それに対する支援者のはたらきかけ、考えが目の前にパーッと浮かぶように見えるのだという。それを参考に、Aは子どものエピソードを記述し、子どもに対する自分のかかわりを意識して言語化することにした。そうすることで見えてきたのはA自身の支援の課題であった。

携帯をいじったり、男子同士で話していてこちらの話を聴いてくれないのは、Aの説明がわかりにくいからであった。なぜわかりにくかったかといえば、A自身が、「何をしていいかわからなかった」からである（A 2013. 12)。起工式の準備の日、スタッフミーティングの段階で、Aは子どもたちに何をどのように話せばいいか、そもそも、なぜ起工式が必要なのかが理解できていなかった。目的は何であり、そのために何をどうすればいいのかという見通しをもてずに、「ただ文字を並べただけ」では子どもたちには伝わらないだろう。

こうしてAは、記録を見直すことを通して、課題は子どもたちにあったのではなく、自分の支援行為にこそあったと気づいたという。この経験を通してAは、子どもまちづくりクラブのプログラムをつくるにあたって、必ず「シミュレーション」をするようになった。「おっきな狙いと、ちっちゃな狙い」をつくり、「子どもたちの顔を思い浮かべながら」、メンバーにとって「動きやすい、わかりやすい内容」になっているかどうか、を考えるようになったという（A 2013. 12)。

何かあったらすぐに相談するように、と言われても、言語化できていなければ、何をどう相談していいかさえわからないままである。当初「もやもや」として、「このままではいけない」「けれど何をどうすればいいかわからない」こととして認識されていたAの「ゆらぎ」は、記録化することで言語化され、それによって具体的な課題となり、やがて「相談」という形をとって同僚や上司に共有されていった。

（以前は）ケース会議がいやでいやで仕方なかったんですよ。でも今楽しくって。次は何を相談しようかとか。そういう風になってきたのはよかったな。（A 2013. 12）

このようにミーティングで共有された課題は、他地域での経験と照らし合わせながら解決策を模索していくことが可能になっていった。

これらを踏まえてAは、ゆらぎを言語・記録化し、共有したことが自分自身の支援の質を変え、結果としてそれが、「子どもたちにも行く」と表現した（A 2013. 12）。Aの担当する石巻市では、2014年1月に石巻市子どもセンターがオープンした。ここは、子どもたちの声を丁寧にひろってともに創り上げた拠点であるが、多くの葛藤を抱えながら子どもたちに寄り添い続けたAの支援が一つの形となったものである。

小括

ゆらぎは実践のなかの省察を契機として生じる。ゆらぎを言語・記録化し、共有していく過程は、なぜ支援の質に影響を及ぼしたのであろうか。また、それは子どものPTGとどのような関係があるだろうか。

上述したように、ＰＴＧのプロセスを促すには「支持的な他者」の存在が必要であった。ところが、子どもはそう簡単にはおとなとの関係を築いてくれない。「参加」「守秘」「尊重」のルールがあったとしても、Ｄの事例で述べたように、難しい局面もある。そのようなことが続くと「子どもに嫌われている」と感じたり、「話し合いの場なのに、意見が全くでてこない」と子どもを責めることになり、支援者は子どもにとっての「支持的な他者」とは成りえない。

ショーンによれば、省察的実践の意義は、自分の信念の根拠、前提を意識化しそこから生じる自らの意識変容を実践の過程に位置づけることである（Schön 1983＝2007）。子ども支援に即せば、支援者のなかにある価値観を意識化し、目の前の子どもへの支援行為を、子どもの最善の利益にかなうかどうかという視点でとらえ直すことである。

「話し合いの場なのに、意見が出てこない」という状況に際して、支援者は葛藤しつつも子どもを責めなかった。自分の力不足を感じ、やめようかと思いつめることもあったが、ゆらぎを言語・記録化していくことで、ふりかえりの促し方、子ども観、伝え方といった課題が具体的な形で見えてきた。その課題を会議や研修で同僚と共有したことで、お互いの経験が参照され支援者のはたらきかけを変えた。これはやがて、子どもの変化につながっていった。

このように支援者は、支援しているのだから子どもは積極的に発言すべき、という「あるべき子ども像」に子どもを合わせるのではなく、目の前の子どもにあわせて自らの支援のかたちを変化させたのである。「三つのルール」に加えて、ゆらぎを言語・記録化し共有していく過程は、「これは子どもにとって最善の支援になっているのか」という視点から支援行為のとらえ直しの契機として作用した。このことが「支持的な他者」を生み出し、子どものＰＴＧを促すプロセスにつながったと推測される。

5　結論―災害後の子どもにやさしいまちづくりに向けて―

子どもまちづくりクラブによる支援行為の分析を通して明らかとなった子どものＰＴＧを促す実践知は以下の三点である。

第一に、「参加」「守秘」「尊重」の三つによってお互いを否定しないで聴き合うような、子どもの権利が侵害されない話し合いの場を生み出したことである。これによって、子どもが震災に向き合う土台ができたと考えられる。

しかし、子どもが震災と向き合い続けていくためには、三つのルールだけでは不十分であり、そのためには、支援者側の変化を要した。すなわち、第二として、支援者が自らの支援行為を、子どもの最善の利益にかなうものとなっているかどうかという視点でとらえ直し、はたらきかけを柔軟に変えていったことが挙げられる。「話し合いの場なのに、意見が出てこない」という局面であっても、無理やり意見を言わせるのではなく、ふりかえりや伝え方を工夫したり、子ども観を問い直すことを通して、子どもが復興について考え続けることができるように促していった。

ところが、このプロセスにおいては、支援者のゆらぎが生じていた。ゆらぎは、放っておくと支援の破たんを招く。そこで、第三に、支援者のゆらぎを言語・記録化し、共有する「実践の省察サイクル」が求められる。ゆらぎは言語・記録化することで、具体的な課題として認識され、解決への道筋をつけることができた。

残念ながらこれらの実践知は、子ども支援者の間であっても広く共有されているとは言い難い。東日本大震災後の現場からは「子どもたちの「声」に耳を傾けようとすると、「子どもは自分では判断できない。おとなが責任を持つべきだ」という言葉が、子ども支援のおとなたちから聞こえてくるという違和感を何度となく感じ」た、と丹波は述べる。誰も耳を傾けてくれないならば、子どもたちは口を閉ざしてしまう。これでは、子どもが震災と向き合い続けていくことは難しいだろう。だからこそ、「災害時など緊急時でも子どもが地域の主役としてその役割を発揮し、復興の担い手であることを名実ともに位置付けるような復興の在り方が今後の災害復興の基本になる」（丹波 2013：172）ことが重要である。そのためにはこれらの実践知を広く社会で共有し、支援者を含めたおとなが変わっていくことが求められる。

一方、課題もある。支援者は、一人ひとりの子どもに合わせてはたらきかけを変えてきたが、1、2週間に1回2、3時間程度の子どもまちづくりクラブでは、限界も見られた。たとえば、子どもまちづくりサミットの準備では「本当は子どもたちにもっと任せて、子どもたち自身ができるはずなのに」時間が十分取れなかったことをDは指摘している（D 2013. 7）。この背景には石巻市は仙台市から、山田町と陸前高田市は遠野市から支援者が通ってきていることが挙げられるが、このことはまた、地元の市民団体、ＮＰＯ、商工会などとの連携が取りにくく困難を生じさせていた（B 2013. 7）。

セーブ・ザ・チルドレン・ジャパンは、東日本大震災復興事業に5年間の期限を設けたので、２０１６年4月現在、フォローアップ中である。今後、三地域における子どもまちづくりクラブをどのように地域に根差すものにしていくかが大きな課題となる。２０１４年1月には、石巻市子どもセンターがオープンし、常設の居場所が誕生したことで、支援行為にも変容が見え始めた。

子どもの育ちは、点では見えない。線や面で見ていくことが必要である。そのためには、ボランティアや専門家による一つひとつの支援行為だけでなく、子ども支援のシステムを構築していかなければならない。災害復興期における子ども支援の制度化について、引き続きの研究課題としたい。

終章

災害復興と子ども支援の未来

1 三つの大震災が可視化した子ども支援のありよう

本書では、三つの大震災における子どもの回復・成長の実態と、支援者による子どもへのはたらきかけを軸として、子ども支援学の視点から災害復興期に求められる子ども支援のありようをみてきた。これまで考えられてきた、子どもの保護を基盤とした支援とはどのように異なるのか、ここで、本書の成果をふりかえる。

子どもの回復と成長

災害を目の当たりにし、自然の驚異に圧倒され、足が震え、動けなくなった子どもたちは、どのように回復していったのだろうか。

発災からしばらくすると、避難所等では、「地震ごっこ」「津波ごっこ」といった災害遊びが見られるようになっていった。これらの遊びは、災害という恐ろしい出来事を「外在化」させる装置として機能しており、乳幼児をはじめとした多くの子どもたちは、遊びを通して回復していったと考えられる（第3章・第5章）。

災害の衝撃をうまく言葉にできず、無気力や他者への攻撃的な態度といった形で表現する子どももいた。ところが、それらの表現を否定されることなく他者に受け止めてもらい、じっくりと話を聴いてもらうことで、子どもたちの多くは自分を取り戻していった（第1章・第7章）。

震災を契機として、普段とはちがう役割を果たした子どもたちの姿も見られた。始めたきっかけはさまざまであったが、避難所等で水汲みや物資の配布、名簿の作成といった役割を果たしたことは子どもたちのアイデンティティ形成を促した（第6章）。自分のまちの復興について、子どもまちづくりクラブで何度も何度も話し合いを重ねてきた子どもたちは、「自分にもできることがある」という想いを強くし、子どもセンターの運営（石巻市）、写真で復興を語り継ぐ試み（陸前高田市）、カルタ（山田町）等の活動を通して、地域での活動を深めつつある（第7章）。これらは、震災前には見られなかった姿であり、三つの震災がもたらした子どもの成長でもあるといえよう。

支援のありよう

子どもたちの回復・成長を支えた、支援の内実は、どのようなものであっただろうか。

阪神・淡路大震災後に配置された教育復興担当教員は、子どもの心を無理にこじあけるのではなく、子どもの自己回復力を信じ、ゆっくりと語られる言葉を待った。そうして語られた言葉や表出した言動の背景にある課題を探り、ソーシャルワーク的なアプローチをとることで、子どもの回復を支えた（第1章）。

子どもまちづくりクラブでは、子どもが震災と向き合い続けるために支援者が自らの支援行為を「子どもの最善の利益」にかなうものとなっているかどうかという視点で省察し、はたらきかけそのものを変えていった。そうすることで、「支持的な他者」を生み出し、子どものＰＴＧを促すプロセスにつながった（第7章）。

支援者のゆらぎと実践の省察サイクル、そして成長

ところが、子どもの回復・成長プロセスは、支援者のゆらぎを伴うものでもあった。教育復興担当教員は心のケアの専門性がないことに不安を感じていた（第1章）。長岡市では災害によって強化されたジェンダーに翻弄される母親の姿が報告された（第2章）。こどもひろばのボランティアは、ある者は災害遊びに衝撃を受け、またある者は寝食を忘れて活動に入り込みすぎた（第3章）。子どもまちづくりクラブでは、「話し合いの場なのに、意見が出てこない」という状況に

自分の力不足を感じ、仕事を辞めようかとさえ思った（第7章）。現場では、支援者が自身の内にある「あるべき姿」「枠」に縛られ、思い通りにいかずに悩み、このままでいいのかとゆらぐ姿が散見された。

このようなゆらぎは、放っておくと支援者のバーンアウトや子どもの権利侵害といった支援の破たんを招くと考えられる。これに対し、学習を基軸としてジェンダーを客観化した長岡市の実践や、共同のふりかえりの場づくりによって子どもの最善の利益の立場から支援を問い直してきたこどもひろばボランティアのように、価値観がゆさぶられながらも、ゆらぎの言語化を通して課題設定ができれば、支援行為を変容させ、支援者自身の成長にもつながる。そのために望まれる支援者支援は、子ども支援者をひとりの学習者としてとらえ、実践の省察サイクルを確立することである（第2章・第3章・第7章）。

支援行為から支援システムへ

教育復興担当教員は、当初、教職員定数算定の特例措置によって、被災地域の学校運営や教育上の指導が円滑に行われるようにすること、これに加えて震災後の児童生徒の心の健康に関する相談などに対応するための追加加配であった。教員に心のケアの専門性はなかったが、子どもに寄り添う支援行為を積み重ねたことで、ソーシャルワークの視点を有した支援システムへと転化していった（第1章）。

長岡市では、ジェンダー学習の積み重ねにより男女双方の役割が災害によって強化されることが市民の間で意識化された。これを踏まえて、防災分野における施策の推進を盛り込んだ「長岡市男女共同参画社会基本条例」が制定され、子どもと子育て期の親が主体となる防災・復興システムを具現化しようとしている（第2章）。

一方、東日本大震災市町村復興計画において、子どもの心のケア施策を掲げる自治体は8割、子ども参加施策はわずか2割にとどまった（第5章）。子どもとおとながともに復興をめざすためには、子どもの声を反映していく支援行為を土台としたシステム構築が不可欠であるが、日常でできていないことは非日常では難しい（第4章）。折しも、東日本大震災の被災地域では、これまでNPO・NGOが担ってきた子ども支援を、制度として地域に根差すものにしていく時期が到来しつつある。支援システムの構築に向けて、支援者が支援行為を通じて得た経験知を言語化し、実践知としてひろく共有していくことが求められている（第7章）。

以上、本書を通して明らかとなったのは、子どもや子育て期の親を単なる保護の対象としてとらえる従来の支援ではなく、災害復興の主体として支えていくための道筋である。

2　次に来る災害に向けた子ども支援システムの構築

これらの知見は、「ハザードの工学的制御＋被災後の大量の人道支援」から社会的な脆弱性を解消することで災害に強いコミュニティを創りだすという「災害リスク削減」の世界的潮流にも合致する。

なお、本書の成果は、心のケアの必要性を損なうものではない。医学的な治療や心理的なカウンセリングが必要な子どもたちには、より手厚いケアが求められる。何より、心のケアをする場合にも子どもの声を尊重し、そこから出発することが大切である。

最後に、本書の限界を述べ、今後の研究課題としたい。

本書で十分論じられなかったことのひとつに、保護と参加の包括的アプローチがある。5年が経過した東日本大震災の被災地域では、さまざまな支援団体が撤退を始めている。ところが、阪神・淡路大震災後の子どもたちを支えた教育復興担当教員の活動からみえてきたのは、これからの時期こそ子ども支援が求められるということであった。束の間、震災が可視化した子どもを取り巻く課題は、今後より見えにくくなり、「問題行動」として表出し始めるだろう。

問題行動を起こす子どもたちは、「困った子」とされ、社会から排除されがちである。しかし、彼らを排除したからといって、問題そのものがなくなるわけではない。「困った子」とは、何かに対し「困っている」ものの、その困り感を上手に表現できない子どもたちである。つまり、支援を必要とする存在である。

子どもを保護の対象としかみない支援者は、「困った子」に問いかけることをしない。一方、子どもの表層的な参加しか見ていない支援者は、問題行動の背景にある保護の必要性―虐待や貧困、いじめ等―に気づくことができない。困った子を困っている子としてとらえ、ともに問題解決に向かうには、保護と参加を対立的にとらえるのではなく、包括的に考えていく支援の枠組みが検討されなければならない。

また、本研究では、震災後の影響を考えて、子どもへの聴き取りは最小限にとどめており、これは研究の限界でもある。すでにおとなとなった若者を対象として、子どもであったときの経験や考えを聴き取っていくことも重要であろう。合わせて、これまでの災害と子ども支援の経験から、何が継承され、何が言語化されないまま暗黙知として状況に埋もれてしまっているのかを、支援実践と制度、過去と現在の両面から引き続き検証していくことも課題である。

三つの大震災が逆照射した子ども支援の実相を、日常のくらしのなかに活かしつつ、次に必ず来る災害に備えるためのシステム構築をめざしていきたい。

おわりに

本書は、2010年に刊行した『子ども支援学研究の視座』（学文社）につづく、2冊目の単著であり、災害復興期の子どもの育ちを支える枠組みとして、子ども支援学の視点から検討を加えたものである。

生まれ育った大分県別府市は温泉のまちである。私にとって自然とは、こんこんと湧き出る温泉であり、美しい鶴見岳と別府湾の恵みであった。自然現象が「災害」となることがあると意識したのは、1991年6月3日に発生した雲仙普賢岳の火砕流である。大規模な人的被害をもたらした火砕流は、多くの衝撃的な映像をもたらしたが、それを見た高校1年生に何ができるわけでもなく呆然とするしかなかったことを今でも覚えている。

それからまもなくして秋の文化祭に向けてクラスの出し物を考えることになった。「雲仙普賢岳と鶴見岳は同じ別府‐島原地溝帯にある。別府は大丈夫なのか？」という疑問をきっかけに、私たちのクラスは、「もしも、火砕流が別府市をおそったら」をテーマに展示をすることにした。各図書館、NHK、県教育センター、京都大学地球物理学研究所に取材を行い、資料を集め、スクラップし、観光客や市民に対するヒアリング調査、自然湧出の源泉で、観光名所である「地獄」への電話取材を実施した。あるおとなは「鶴見岳は絶対に噴火しません！」と言い切った。当時、鶴見岳や「地獄」に関する防災は全く意識されていなかった。

市販の地図を苦労して拡大し、段ボールや発泡スチロールを用いて3571分の1の縮尺の別府市の模型をつくった。発火装置と粘性を高め赤く着色したデンプンを用い、火砕流を再現した。別府湾には、地震で沈降した「瓜生島」の伝説があることから、噴火と同時に津波も再現した。その結果、火砕流は境川流域のみならず春木川流域にも被害が及ぶということが判明した。この展示をまとめた研究は、TOS（テレビ大分）や大分合同新聞で報道され、大分県高等学校文化連盟社会部研究発表会で優良賞、旺文社主催の第35回全国学芸科学コンクール（総務庁・文部省後援）高校生の部自然科学研究部門で赤尾好夫記念賞（入選）を授与された。この研究の限界の一つめは、あくまで定性的なデータであったこと、二つめは先生方の知恵を借りながらも高校生だけで取り組んだがゆえに、実際の防災システムにつなげることができなかったことである。実際の防災対策はといえば、大分県が「鶴見岳・伽藍岳火山防災協議会」を立ち上げたのは2014年2月であり、総合的な避難対策はようやく始まったばかりである。

この経験は、災害に子どもは無力ではないという想いと、子どもを支え社会とつなぐおとなの役割が決定的に重要であるという確信のようなものを与えてくれた。

東日本大震災後、あのときの私たちのように動き出そうとする子どもがいるかもしれない。だが、子どもだけで動くには限界もある。災害の経験を次に活かし、復興のまちづくりに子どもが参加していくには、子どもを支え社会とつなぐおとなが必要だ。しかし、日本社会では子ども参加が浸透しているとは言い難い。それではどうすればいいか。そこから、研究が動き出していった。

動き出した研究は、多くの方に支えていただいた。

公益社団法人セーブ・ザ・チルドレン・ジャパンの津田知子さん、田代光恵さんはじめスタッフのみなさんには、発災直後から調査に協力いただいた。インタビューに協力してくださった元教育復興担当教員の神田英幸先生、長岡市の渡辺俊雄さん、樋熊憲子さんにも、改めてお礼を申し上げたい。そして忘れてはならないのは、子どもまちづくりクラブや兵庫県立舞子高等学校環境防災科の高校生をはじめとする調査で出会った子どもたちである。名前を出すことはかなわないが、研究を続ける力となったのは、やはり子どもたちの声、想いであった。

研究面では、阪神・淡路大震災に関連して京都精華大学の住友剛先生に、中越大震災や災害とジェンダーに関して早稲田大学の村田晶子先生に相談にのっていただき、貴重なアドバイスをいただいた。研究を後押ししてくださったのは、工学院大学名誉教授の蔵原清人先生である。工学院大学の内山宗昭先生、尾高進先生、早稲田大学の喜多明人先生にもあわせてお礼申し上げる。

ぼんやりとした小さな疑問がはっきりとした形になるには、研究仲間の存在も大きかった。私のつぶやきに耳を傾けてくれた磯野真穂さん、間瀬幸江さん、藤野裕子さん、向後恵里子さん、浜野喬士さん、宮澤隆義さん。助教会のみなさんによる研究分野が違うからこその指摘は、非常に大きな原動力となった。

本書の刊行にあたっては、学文社の落合絵理さんに丁寧かつ鋭く見守っていただいた。「弱さのなかにも強さがある」という無理難題にたやすく答えてくださった装丁のメリノさん、つないでくださった松本真紀子さんにもお礼を申し上げる。草稿の段階から子ども支援者の目線でチェックをしてくれた大原俊さん、高校1年生時の担任であった安藤悦夫先生にも感謝したい。

調査で留守をする私をいつも快く送り出し、温かく迎えてくれる夫と3人の子どもたちにも感謝を伝えたい。いつもありがとう。

校正を終えた直後に、熊本・大分両県を中心とする地震が発生した。九州にくらす親戚や友人が避難を余儀なくされるなかで、自分にできることは何であるのかを突き付けられる日々である。これから先を見据えて、いま考えること、動くこと、そして子どもの声を社会につなぐことがもたらす意味を問いながら研究を続けてゆく。

安部　芳絵

2016年4月19日

引用・参考文献

相川康子（2006）「災害とその復興における女性問題の構造—阪神・淡路大震災の事例から」『国立女性教育会館研究ジャーナル』vol10　5-14頁

相川康子（2007）「災害におけるジェンダー」大矢根淳ほか編『災害社会学入門』弘文堂　223-240頁

相川康子（2010）「21世紀の「防災戦略」〜女たちの視点から考える〜」新潟県中越大震災「女たちの震災復興」を推進する会『忘れない。＝女たちの震災復興＝』6-21頁

相川康子（2015）「次に何をつなぐのか—女性たちの試練と成長、連帯」新潟県中越大震災「女たちの震災復興」を推進する会『私たちが手にしたちから、そして未来につなげる「力」』2-15頁

あしなが育英会（2011）プレスリリース「東日本大震災・津波遺児1120人707世帯分析　半数が母子家庭　小学生以下の遺児最多4割　長期の物心両面ケアが必要」2011年6月28日

我妻則明（2012）「大震災に係る心のケア担当教員（教育復興担当教員）の養成と研修のための教育内容と方法の確立に関する調査研究」『岩手大学教育学部附属教育実践総合センター研究紀要』第11号　305-308頁

渥美公秀（1996）「これからの災害救援—被災者・救援者の集合性に基づいた集合性再構築支援」城仁士・杉万俊夫・渥美公秀・小花和尚子編『心理学者がみた阪神大震災　心のケアとボランティア』ナカニシヤ出版　192-216頁

渥美公秀（2011）「心のケア」矢守克也・渥美公秀編著『防災・減災の人間科学　いのちを支える、現場に寄り添う』新曜社　126-131頁

安部芳絵（2002）「性と子どもの権利について考える―横浜会議における子ども参加から」〝人間と性〟教育研究協議会『季刊セクシュアリティ』第9号　48－52頁
安部芳絵（2010）『子ども支援学研究の視座』学文社
安部芳絵（2011）「子ども支援専門職の「ゆらぎ」と力量形成―実践を語り・聴きあうことから生まれる実践知」『We learn』697号　4－7頁
安部芳絵（2012）「災害ボランティアのゆらぎと支援者ケア―学習者としてのボランティアの視点から」『早稲田大学教育学研究』第3号　27－41頁
安部芳絵（2013）「東日本大震災復興計画と子どもにやさしいまちづくり」『こども環境学研究』第9巻第1号　81－89頁
安部芳絵（2014）「東日本大震災を中高生はどう受けとめたのか―中高生のアイデンティティ発達の視点から」『工学院大学研究論叢』第51－2号　73－87頁
安部芳絵（2015）「災害復興と子ども支援　レジリエンスとPTGに基づく子ども参加支援」鎌田薫監修『震災後に考える　東日本大震災と向き合う92の分析と提言』早稲田大学出版部　646－655頁
安部芳絵・竹内麻子（2011）「災害時の子ども支援と支援者ケア―ボランティアの「ゆらぎ」に着目して」日本教育学会第70回大会発表配布資料
天野秀昭（2011）「被災地に「遊び場」をつくること」日本子どもを守る会編『子ども白書２０１１』70－72頁
新井浩子（2012）「災害・復興と男女共同参画―女性が主体となっていくこと」村田晶子編著『復興に女性たちの声を「3・11」とジェンダー』早稲田大学出版部
荒牧重人（2004）「「子どもにやさしいまち」づくりの視点と課題」喜多明人・荒牧重人・森田明美・内

田塔子編著『子どもにやさしいまちづくり　自治体子ども施策の現在とこれから』日本評論社　3－25頁
池田恵子（2010）「ジェンダーの視点を取り込んだ災害脆弱性の分析：バングラデッシュの事例から」『静岡大学教育学部研究報告　人文・社会・自然科学篇』60　1－16頁
池田恵子（2011）「災害脆弱性のジェンダー格差とその克服─バングラデシュ・チョコリア郡の事例に見る地域防災の可能性」『環境社会学研究』17　111－125頁
池田恵子（2012a）「災害リスク削減のジェンダー主流化：バングラデッシュの事例から」お茶の水女子大学ジェンダー研究センター『ジェンダー研究』第15号　73－85頁
池田恵子（2012b）「自然災害とジェンダー─バングラデシュと日本の事例から」宇佐見耕一ほか編『2012　世界の社会福祉年鑑』旬報社　17－34頁
池見宏子（1997）「マニュアルのない活動・復興教員」斎藤浩志監修『学校防災　神戸からの提言』170－175頁
伊藤雅子（1993）『女性問題学習の視点─国立市公民館の実践から』未来社
伊藤雅子（2001）『新版　子どもからの自立』岩波現代文庫
井上明（2011）「東日本大震災から3カ月　支援者のメンタルケアは必要か」『日本医事新報』4545号　12－14頁
今田高俊（2000）「支援型の社会システムへ」支援基礎理論研究会編『支援学　管理社会をこえて』東方出版　9－28頁
岩井圭司（2012）「心の復興と心のケア」藤森立男・矢守克也編著『復興と支援の災害心理学』福村出版　30－41頁

ウィメンズスタディズ・ネットワーキング（2006）『２００４年特別編集「中越地震体験記」へこたれていられない…！パートⅡ』
内田塔子（2012）「ユニセフ「子どもにやさしいまち」」『子どもの権利研究』第21号　91－93頁
F&Mながおか市民会議（2003）『設立10周年記念誌』
大木一彦（2012）「東日本大震災と子ども、学校―仙台市の中心部の学校に勤務する一中学校教師の目から見て」『教育』２０１２年2月号　12－19頁
大原俊（2015）「サポーターからのことば」中野区『２０１４年度ハイティーン会議報告書』
尾崎新（1999）「「ゆらぎ」からの出発―「ゆらぎ」の定義、その意義と課題」尾崎新編『「ゆらぐ」ことのできる力　ゆらぎと　社会福祉実践』誠信書房　1－30頁
尾崎新（2002）「終章　現場の力―「ゆらぐことのできる力」と「ゆらがない力」」尾崎新編『「現場」のちから　社会福祉実践における現場とは何か』誠信書房　３７９－３８７頁
小沢牧子（2002）『「心の専門家」はいらない』洋泉社新書
小沢牧子（2008）『「心の時代」と教育』青土社
小塩真司（2012）「「折れない心」を育む」『教育と医学』第60巻7号　慶應義塾大学出版会　52－59頁
小花和 Wright 尚子（2004）『幼児期のレジリエンス』ナカニシヤ出版
片田敏孝（2012）『命を守る教育　3・11釜石からの教訓』ＰＨＰ
桂正孝（2005）「新たな防災教育と防災リテラシー」兵庫県教職員組合・兵庫県教育文化研究所編『1・17阪神・淡路大震災と教育改革　兵庫発の防災教育　いのち　やさしさ　まなび』１６８－１７６頁
加藤敏編著（2009）『レジリアンス　現代精神医学の新しいパラダイム』金原出版
加藤敏（2012）『レジリアンス　文化　創造』金原出版

川村暁雄（2005）「開発協力における人権に基づくアプローチ（ＲＢＡ）の可能性：対カンボジア援助政策の検討より」『論集』52（1）83－102頁
神田英幸（2005）「教育復興担当教員になって」兵庫県教職員組合・兵庫県教育文化研究所編『1・17阪神・淡路大震災と教育改革　兵庫発の防災教育　いのち　やさしさ　まなび』79－83頁
神戸市（2011）『阪神・淡路大震災の概要及び復興』
神戸市教育委員会（1996）『阪神淡路大震災　神戸の教育の再生と創造への歩み』
楠見孝（2012）「第1章　実践知と熟達者とは」金井壽宏・楠見孝編『実践知　エキスパートの知性』有斐閣　4－31頁
子どもまちづくりクラブ（2011）『HOPE―SOFT 中間報告書①』
子どもまちづくりクラブ（2012）『Action―SOFT 中間報告書②』
子どもまちづくりクラブ（2013）『Connect―SOFT 中間報告書③』
子どもまちづくりクラブ（2014）『Future―SOFT 中間報告書④』
近藤卓編著（2012）『ＰＴＧ　心的外傷後成長―トラウマを超えて』金子書房
『ジュリスト』（1995）「阪神・淡路大震災関連法令」No１０７０
庄司順一（2009）「レジリエンスについて」関西学院大学『人間福祉学研究』第2巻第1号　35－47頁
城仁士・杉万敏夫・渥美公秀・小花和尚子編（1996）『心理学者がみた阪神大震災　心のケアとボランティア』ナカニシヤ出版
白木次男（2012）「子どもたちと「希望」を紡ぐ」坂元忠芳『東日本大震災と子ども・教育　震災は私たちに何を教えるか』桐書房　33－53頁
鈴木千栄子（2005）「ごあいさつ」ウィメンズスタディズ・ネットワーキング『２００４年特別編集「中

越地震体験記」へこたれていられない…！』2頁
鈴木千栄子（2010）「「記録集」から見えたもの」新潟県中越大震災「女たちの震災復興」を推進する会『忘れない。＝女たちの震災復興＝』41‐44頁
鈴木庸裕（2012）「第1章　大震災が浮き彫りにした学校におけるソーシャルワークの課題」鈴木庸裕編著『「ふくしま」の子どもたちとともに歩むスクールソーシャルワーカー―学校・家庭・地域をつなぐ』ミネルヴァ書房　1‐24頁
須藤八千代（2002）「ソーシャルワークの経験」尾崎新編『「現場」のちから―社会福祉実践における現場とは何か』誠信書房　24‐54頁
住友剛（2012）「子どもの学習権保障と生活のケア」鈴木庸裕編著『「ふくしま」の子どもたちとともに歩むスクールソーシャルワーカー―学校・家庭・地域をつなぐ』ミネルヴァ書房　25‐42頁
諏訪清二（2011）『高校生、災害と向き合う　舞子高等学校環境防災科の10年』岩波書店
セーブ・ザ・チルドレン・ジャパン（2011）『HOV Hear Our Voice1　子どもたちの声～子どもの参加に関する意識アンケート調査』
セーブ・ザ・チルドレン・ジャパン（2012）『Hear Our Voice7～子ども参加に関する意識調査2012』
セーブ・ザ・チルドレン・ジャパン（2013）『震災後に中高生が果たした役割の記録プロジェクト報告書』こども☆はぐくみファンド
高橋宏子（2005）「災害時にみえた日頃の生活・人間関係」ウィメンズスタディズ・ネットワーキング『2004年特別編集「中越地震体験記」へこたれていられない…！』18‐21頁
瀧ノ内秀都（2011）「いつもこどもといる教師だからできる、心のケアがある」『そだちと臨床』vol 11　36‐38頁

宅香菜子（2010）『外傷後成長に関する研究―ストレス体験をきっかけとした青年の変容』風間書房
（特定非営利活動法人）多世代交流館になニ～ナ（2011）『あんしんの種』
田中淳（2008）「災害弱者問題」大矢根淳ほか編『災害社会学入門』弘文堂　136－141頁
丹波史紀（2013）「震災復興への子どもの参加」鈴木庸裕編著『震災復興が問いかける　子どもたちのしあわせ―地域の再生と学校ソーシャルワーク』ミネルヴァ書房　157－173頁
津田知子（2011）「セーブ・ザ・チルドレン・ジャパンと子ども支援―子どもたちのために、子どもたちとともに」『子どもの権利研究』第19号　62－64頁
寺本智美（2004）「子どもの商業的性的搾取根絶へ向けて―子ども参加の可能性」『立命館国際関係論集』第4号　143－181頁
堂本暁子（2013）「2008年全国知事会調査の分析」堂本暁子・天野惠子監修『東日本大震災における医療・健康支援　男女共同参画の視点から』99－103頁
冨永良喜（2012）『大災害と子どもの心―どう向き合い支えるか』岩波書店
冨永良喜（2014a）「子どもの心のケアと防災教育」『教育と医学』第62巻3号　56－63頁
冨永良喜（2014b）『災害・事件後の子どもの心理支援　システムの構築と実践の指針』創元社
内閣府（2011）『平成23年版　子ども子育て白書』
内閣府（2012）『災害時における男女共同参画センターの役割調査報告書』
内閣府（2015）『男女共同参画白書　平成27年版』
内閣府「歴史災害に関する教訓のページ」http://www.bousai.go.jp/kyoiku/kyokun/hanshin_awaji/index.html（最終アクセス：2014年7月19日）
長岡市（2005）『災害の検証』

長岡市（2012）『男女共同参画の視点で考える　平日日中の災害発生時のシュミレーション事業報告書』
仲谷善雄・橘亜紀子（2007）「事例に基づく災害時避難所の救援物資確保・管理支援システム」『社団法人　情報処理学会　研究報告』１０８　45－52頁
中野区（2015）『２０１４年度ハイティーン会議報告書』
新潟県中越大震災「女たちの震災復興」を推進する会（2010）『忘れない。＝女たちの震災復興＝』
新潟県中越大震災「女たちの震災復興」を推進する会（2015）『私たちが手にしたちから、そして未来につなげる「力」』
似田貝香門（2008）『自立支援の実践知　阪神・淡路大震災と共同・市民社会』東信堂
根本暁生・佐野洋子（2011）「災害時にこそ子どもの遊び場づくりを!!」子どものからだと心・連絡会議編『子どものからだと心白書２０１１』44－46頁
橋本ヒロ子（2012）「第56回国連婦人の地位委員会（ＣＳＷ）報告」『国際女性』No26　24－27頁
服部祥子・山田冨美雄編（1999）『阪神・淡路大震災と子どもの心身　災害・トラウマ・ストレス』名古屋大学出版会
羽下大信（2009）「（7）教育復興担当教員が残したもの（下）」『神戸新聞』12月３日
林春夫（1996）「災害弱者のための災害対応システム」『都市政策』84号　41－67頁
原京子（2014）「子ども自身の力で石巻の活性化へ―住む町の未来を拓く一員として」『子ども環境学研究』第10巻第２号　１００－１０１頁
春原由紀（2011）「乳幼児のストレスマネジメント」藤森和美・前田正治編著『大災害と子どものストレス　子どものこころのケアに向けて』誠信書房　12－14頁
東山紘久（1996）「コミュニティの中の臨床心理士の役割」岡堂哲雄編『被災者の心のケア』至文堂　1

83-190頁
（NPO法人）ヒューマンエイド22（2005）『中越地震アンケート集計結果』
（NPO法人）ヒューマンエイト22（2006）『中越地震アンケート集計結果（増刷版）』
兵庫県（1996）『阪神・淡路大震災―兵庫県の1年の記録』
兵庫県教育委員会（2005）『震災を超えて　教育の創造的復興10年と明日への歩み』
兵庫県教育委員会（2010）「平成21年度阪神・淡路大震災の影響により心の健康について教育的配慮を必要とする生徒の状況等に関する調査の結果について」
兵庫県教育文化研究所・兵庫県教職員組合（2005a）『兵庫発の防災読本―いのち　やさしさ　まなび』
兵庫県教育文化研究所・兵庫県教職員組合（2005b）『阪神・淡路大震災10年検証の記録　いのちと教育―1・17を忘れない』
兵庫県教職員組合（2001）「大震災後の子どもたち」『解放教育』No400　66-75頁
兵庫県立舞子高等学校（2012）『阪神・淡路大震災から17年　東日本大震災から1年　災害と向き合った高校生たち』
平石賢二（2011）「学校・社会の中での体験」平石賢二編著『改訂版　思春期・青年期のこころ　かかわりの中での発達』北樹出版　90-98頁
廣井脩（2004）「自治体に迫られる災害弱者対策」『ガバナンス』10月号　20-21頁
廣江仁・山内玄太郎（2005）「災害ボランティアマニュアルと支援者のセルフケア」『精神保健福祉』36巻4号　358-361頁
藤井あけみ（2000）『チャイルド・ライフの世界』新教出版社
藤森和美・前田正治編著（2011）『大災害と子どものストレス　子どものこころのケアに向けて』誠信書

房
本郷一夫（2011）「子どもと子どもを取り巻く人々への支援の枠組み」『発達』128号 2－9頁
本田恵子（2012）『被災地の子どもの心に寄り添う―臨床心理学からのアドバイス（早稲田大学ブックレット〈「震災後」に考える〉）』早稲田大学出版部
本多奈美（2012）「東日本大震災は子どもに何をもたらしたか」『精神療法』第38巻第2号 225－230頁
松井克浩（2011）『震災・復興の社会学 2つの「中越」から「東日本」へ』リベルタ出版
松岡廣路（2010-2011）「第10章 ボランティア学習」柴田謙治・原田正樹・名賀亨編『ボランティア論「広がり」から「深まり」へ』みらい 161－176頁
馬殿禮子（2005a）「心のケアに果たしたもの―教育復興担当教員の役割」兵庫県教職員組合・兵庫県教育文化研究所編『1・17阪神・淡路大震災と教育改革 兵庫発の防災教育 いのち やさしさ まなび』84－87頁
馬殿禮子（2005b）「検証テーマ『被災児童生徒の心のケア』」兵庫県・復興10年委員会『阪神・淡路大震災 復興10年総括検証・提言報告』93－122頁
溝上慎一（2010）『現代青年期の心理学 適応から自己形成の時代へ』有斐閣選書
皆川満寿美（2012）「女性を視野に入れた復興政策」竹信三恵子・赤石千衣子編『災害支援に女性の視点を！』52－58頁
宮地尚子（2005）『トラウマの医療人類学』みすず書房
宮地尚子（2007）『環状島＝トラウマの地政学』みすず書房
村嶋由紀子（2011）「阪神・淡路大震災から17年の日々と東日本大震災から8か月の子どもたちへ」『研

究子どもの文化』No13　11‐20頁
村田晶子（2006）『女性問題学習の研究』未來社
村田晶子（2012）『復興に女性たちの声を』早稲田大学出版部
文部科学省（2014）『学校における子供の心のケア』
文部省（1998）『非常災害時における子どもの心のケアのために』
矢田俊文・長岡市立中央図書館文書資料室編（2013）『震災避難所の史料　新潟県中越大地震・東日本大震災』
八幡悦子（2012）「見えない被害、届かない声」竹信三恵子・赤石千衣子編『災害支援に女性の視点を！』4‐10頁
やはたえつこ（2012）「みやぎジョネットの誕生—スタートはＤＶ被害者支援から」みやぎの女性支援を記録する会『女たちが動く　東日本大震災と男女共同参画視点の支援』生活思想社　16‐43頁
山地久美子（2009）「ジェンダーの視点から防災・災害復興を考える：男女共同参画社会の地域防災計画」『災害復興研究』第1号　45‐75頁
湯澤直美（2002）「第９章　社会福祉実習教育における現場の力—「普通」「常識」を問い返す磁場と学生の変容」尾崎新編『「現場」のちから　社会福祉実践における現場とは何か』誠信書房　２４４‐２７３頁
和田実（2002）「青年期とその理解」和田実・諸井克英『青年心理学への誘い—漂流する若者たち』ナカニシヤ出版　１‐10頁
Bonanno, G. A.（2009）*The other side of sadness: what the new science of bereavement tell us about life after loss.*（=2013　高橋祥友監訳『レジリエンス　喪失と悲嘆についての新たな視点』金剛出版）

Calhoun, L.G. & R.G. Tedeschi（2004）The foundations of posttraumatic growth: New considerations, *Psychological Inquiry*, 15：93–102

Cryder, C. H., Kilmer, R. P., Tedeschi, R. G. & L. G. Calhoun（2006）An exploratory study of posttraumatic growth in children following a natural disaster, *American Journal of Orthopsychiatry*, Vol. 76（1）：65–69.

Joseph, S.（2011）*What doesn't kill us: The new psychology of posttraumatic growth.*（=2013　北川知子訳『トラウマ後成長と回復　心の傷を超えるための６つのステップ』筑摩書房）

Kilmer, R. P.（2006）Resilience and posttraumatic growth in children, *Handbook of Posttraumatic Growth*, pp. 264–288.（=2014 小澤美和訳「子どものレジリエンスと心的外傷後成長」宅香菜子・清水研監訳『心的外傷後成長ハンドブック』医学書院　３８４－４１９頁）

Neumayer, E. & T. Plümper（2007）*The Gendered Nature of Natural Disasters: The Impact of Catastrophic Events on the Gender Gap in Life Expectancy, 1981–2002.*

Polanyi, M.（1966）*The Tacit Dimension*, Routledge & Kegan Paul Ltd., London.（=1980–2003　佐藤敬三訳『暗黙知の次元　言語から非言語へ』紀伊國屋書店）

Rädda Barnen（1996）*Throwing Children Into Battle*, World Watch, New York.

Save the Children（2005）*Child Rights Programming: How to Apply Rights-Based Approaches to Programming.*

Save the Children Sweden（2006）*Child Rights Perspective in Response to Natural Disasters in South Asia: A Retrospective Study.*

Save the Children（2009）*Rebuilding Lives After The TSUNAMI: The Children's Road to Recovery.*

Schön, D. A.（1983）*The Reflective Practitioner: How Professionals Think in Action*, Pleasure Books Inc., Cambridge.（=2007 柳沢昌一・三輪建二監訳『省察的実践とは何か　プロフェッショナルの行為と思考』鳳書房）
Tedeschi, R.G. & L. G. Calhoun（2004）Posttraumatic growth: Conceptual foundations and empirical evidence, *Psychology Inquiry*, 15：1-18.
Zolli, A. and A. M. Healy,（2012）*Resilience*.（=2013 須川綾子訳『レジリエンス　復活力』ダイヤモンド社）

初出一覧

序　章　「災害復興と子ども支援―レジリエンスとＰＴＧに基づく子ども参加支援」鎌田薫監修『震災後に考える　東日本大震災と向き合う92の分析と提言』早稲田大学出版部　６４６‐６５５頁（2015）を大幅に改変。

第1章　書き下ろし

第2章　書き下ろし

第3章　「災害ボランティアのゆらぎと支援者ケア―学習者としてのボランティアの視点から」『早稲田教育学研究』第3号　27‐41頁（2012）を一部修正。

第4章　「第4章〝女の子〟支援から見えたこと」村田晶子編著『復興に女性たちの声を「３・11」とジェンダー』早稲田大学出版部　65‐81頁（2012）を一部修正。

第5章　「東日本大震災復興計画と子どもにやさしいまちづくり」『こども環境学研究』第9巻第1号81‐89頁（2013）を大幅に改変。

第6章　「東日本大震災を中高生はどう受けとめたのか―中高生のアイデンティティ発達の視点から」『工学院大学研究論叢』第51‐2号　73‐87頁（2014）を一部修正。

第7章　書き下ろし

終　章　書き下ろし

［付記］本研究の成果は、左記の助成によるものである。

文部科学省科学研究費補助金　若手（B）「災害復興期に求められる子ども・子育て支援」研究課題番号：24730670、2012‐2013年度、研究代表者：安部芳絵

文部科学省科学研究費補助金　若手（B）「子ども・子育て期の親が復興の主体となる支援システム―3つの大震災を事例として―」研究課題番号：26870652、2014‐2017年度、研究代表者：安部芳絵

早稲田大学特定課題研究「子ども支援ボランティアのゆらぎと実践知―災害時の子ども支援と支援者ケアを中心に―」研究課題番号：2011A‐823、2011年度、研究代表者：安部芳絵

早稲田大学特定課題研究「阪神淡路大震災と子ども支援に関する基礎的研究―子どもの意見表明・参加の視点から」研究課題番号：2013A‐6088、2013年度、研究代表者：安部芳絵

た行

な行

は行

ま行

や行

ら行

わ行

索　引

【著者紹介】

安部　芳絵（あべ　よしえ）

1975年大分県別府市生まれ。早稲田大学大学院文学研究科教育学専攻博士後期課程単位取得退学。博士（文学）。

現在，工学院大学教育推進機構准教授。

2003年度より中野区ハイティーン会議ファシリテーター。

主要著著：『子ども支援学研究の視座』（学文社，2010年，単著，第6回こども環境学会論文・著作奨励賞受賞）／村田晶子編著『復興に女性たちの声を 「3.11」とジェンダー』（早稲田大学出版部，2012年，共著）／喜多明人・山本克彦・浜田進士・安部芳絵著『子どもとマスターする50の権利学習』（合同出版，2006年，共著）

災害と子ども支援―復興のまちづくりに子ども参加を―

2016年5月25日　第一版第一刷発行
2017年1月30日　第一版第二刷発行

著　者　安部　芳絵

発行者　田中　千津子
発行所　株式会社 学文社
〒153-0064　東京都目黒区下目黒3-6-1
電話　03（3715）1501（代）
FAX　03（3715）2012
http://www.gakubunsha.com

印刷所　新灯印刷
装丁　メリノ

ISBN978-4-7620-2635-5